海外・多拠点で働く

十六組による建築と都市の実践

ユウブックス

はじめに

本書は、海外に拠点をもつ建築家・ランドスケープデザイナー・都市コンサルタントらの活動をまとめ、海外で働くことに興味をもつ方に役立てられるよう編んだものである。具体的には土地への眼差しや、そこから生まれた作品や発見、そしてそこで見つけたノウハウをQ＆Aで紹介している。

寄稿してくれた若手一六組は、日本と海外を行き来、またはその土地に根づき、建築やまちづくりを営み、風景や文化を日常に実感し、創造している。彼らが語るそれぞれの国での活動は、まさに現在進行形で積み上げられているものだ。それをリアルかつ手触り感ある言葉で、素晴らしい原稿にしてくれたことに、ここで改めてお礼申し上げたい。

私も編集委員を務めた二〇二三年発刊の『多拠点で働く』では、日本国内の地方と都市を行き来しながら営む建築やまちづくりを紹介した。この本で「多拠点」で働くことの可能性を改めて感じ、その続編として今回は「海外編」を企画した。そこで、世界五大陸の国々を網羅できるよう、そして特にいくつかの拠点をもっている方を、同じく編集委員の中村 航さん、杉田真理子さんと探していった。

お二人の広いネットワークから、海外と日本の両方に拠点をもち、プロジェクトを進めている著者を本書の半数近くも集めることができた。それがとても現代的だと感じる。成熟社会であるがゆえに新築が難しくなった日本をいったん離れ、海外でキャリアを積み、海外拠点を維持しつつ国内にも回帰する。そんなことができると建築のチャンスはより広がり、建築界への刺激にもなりそうだ。

改めて挿絵のように差し込まれる街の写真や彼らが積み上げてきたノウハウが詰まったQ&Aを合わせて読むと、海外で働いたり、暮らしたりすることが、いかに素晴らしい時間とインプットに満ちているかを感じる。読者にもぜひ本書を通して、海外と日本の時間が地続きに動いていることを実感してほしい。今この瞬間も、地球のどこかで、新しい風景がその土地と呼応しながら生まれている。海外のローカルな風景と日本のローカルな風景が両方自分の実感になる感覚をもち、そしてその土地固有の営みや暮らしを風景とセットで創造できたら、素晴らしいと思う。本書が海外や建築への探究心を育み、その背中を押す一助になることを祈っている。

二〇二五年三月

西田 司

多拠点で建築を考えること

――中村 航

本書の編集に関わり始めてから半年くらいして、急遽、僕自身も東京と海外での多拠点で生活をすることになった。数ヵ月前まではまったく想定はしていなかったが、タイ・チュラロンコン大学のインターナショナルデザインコースINDAで一年間教えることになったため、タイの学期に合わせて慌ただしく渡航し、オンラインで事務所の仕事をこなしながら、バンコクでこれを書いている。

僕は東京生まれ東京育ちで、留学や海外での勤務経験はこれまでなかった。初の海外一人旅も大学卒業後だったし、英語も苦手だったが、大学院で早稲田大学古谷研究室に入ってからアジアの都市リサーチで毎年海外に行くようになり、海外の大学とワークショップをやったり、海外コンペに参加したり留学生と仲良くなったりしているうちに、徐々に国籍や国境の壁を感じなくなっていく。

博士課程、助手時代にも多くの海外プロジェクトを担当した。プロジェクトの出張で古谷さんと中国に行ったときのこと、現地の建築家が街を案内しましょうかと言ってくれた際、「中村はアジアで鍛えられているので大丈夫です！だよね？」と、古谷さんに断わられたことがあった。ありがたい申し出を僕に代わってわざわざ断るのかと内心思ったものの、そういうふうに見てもらっていたからか、海外プロジェクトを割り当てられることが多かった。

その後、東京大学の隈研究室の助教になると、学生の半分以上が留学生で、ミーティングもほとんど英語という急にインターナショナルな環境で研究室を運営することになった。隈さんが東大の国際化を進めていた時期でもあるし、留学生たちと様々なプロジェクトに取り組んだり、海外の大学とのコラボレーションの話がひたすら舞い込むので、隈さんと学生とでよく一緒に海外に出かける機会が増えた。東大の任期が終わった後は、英語での教育をする明治大学I-AUDで教え、今度はタイに来ることになった。自分の事務所も小さいけれど海外の仕事もして、海外からインターンが毎年やってくる。どれも偶然の成り行きではあるけれど、常に自分を成長させるような環境を無理やり選んできた。

環境が変わると意識も変わり、ビジネス英会話の本を読んだり、メモを片手に海外ドラマを見たり、ラップで歌詞の単語を拾ったりしながら、何となくコミュニケーションができるようになっていった。必要に迫られれば何とかなる。裏返せば、何とかしなければならないという環境をつくりさえすればよい。

建築の面白いところは、極めてローカルであり、同時に極めてグローバルであることだ。敷地や現場がある限り色々なところに行かなければならないし、現地のクライアントや現地事務所、施工者と協力してものをつくっていく。それは世界共通で、それが世界のどこであっても戦っていけるのが、建築家という職能だ。実際海外の建築家たちと話をすると、出身やバックグラウンドに関わらず、驚くべきことに、ほとんど皆同じような「建築的思考」を備えている。色々な課題に立ち向かい、様々な制約のなかで、人々の生活や社会を少しでも良くしようと、最善の解決策を常に模索しながら、自身の能力を向上し続ける。皆一様に、論理的で、ポジティブで、タフで、クレバーだ。

そのような世界を知ることにもなるし、価値観が広がり、多少のことでは揺るがないたくましさが身に付くし、狭い世界での窮屈な論争やあるべき論みたいなものはどうでもよくなってくる。世界は広く、皆違うけど、皆同じなんだ。それに何より体験だけが僕らの能力を高めてくれる。多拠点で建築を考えることの最大の意義はそこにある。

海の向こうへの好奇心をもち続ける――杉田真理子

あれは二〇二三年の大晦日だった。二日後に控えたベトナム出張のために重い腰を上げて押入れからスーツケースを取り出し、しばらく箪笥で眠っていた夏服を引っ張り出した。そうだ、忘れる前にパスポートを入れておこう。そう思って取り出したパスポートを何気なくチェックすると、有効期限が二〇二四年三月と書いてある。一〇秒ほどゆっくり見つめて、気づいた。あれ、待てよ。ベトナムは確か、パスポートの残余期間が六ヵ月以上ないと入国できない。あ、やってしまった…。

私の二〇二四年の幕開けはそんなずっこけ話で始まる。長くなるので省略するが、結局行政書士に十〇万円払って（しかも元旦対応…）、アライバルビザを発行してもらいベトナムには数日遅れで入国できたのだが、現地で集合したクライアント、そしてチームメンバーには、心から呆れた顔をされた。

海外に出ることは慣れているが、だからといって（もしくはだからこそ）、トラブルがないわけではない。ケニア滞在中、モバイル決済システム・M-pesaへの送金に右往左往したり、ESTAの更新を忘れていてアメリカ乗り換えの飛行機に乗り損ねたり、運転免許証を忘れてベトナムから日本に八時間だけ帰国をしたり、南アメリカで救急病院に二回も行く羽目になったり、パスポートに貼り付けられたオーストリアの学生ビザにまったく顔の違うコロンビア人の写真が載っていて仰天したりと、例を挙げ始めるとキリがない。そういうアクシデントがあるたびに、日本で大人しくしておくべきだったという弱気な考えが頭を掠めるのだが、それでもやはりじっとしていられないのは、もはや中毒だろうか。

旅行ではないかたちで、中長期で海外に出る、拠点を構える、日本と行き来するというのは、正直面倒くさい。新しい友好関係や言語の壁はもちろん、ビザや、銀行口座や、携帯のSIMカードや、現地でのアパートや、不在時の家の転借や、税金のあれこれ、不在時の日本での納税など、毎回やることが煩雑で、心底嫌になる。そのうち色々知識が溜まってくるのだけれど、前述のように、だからこそアクシデントがなくなるわけでもなく、何でこんなことしているのだろうと、京都の自宅に引っ込んでいたい気持ちにもなる。でも結局は、好奇心と冒険心が買って、篭っていた巣から這い出てくる。

二〇二三年発行『多拠点で働く』（ユウブックス）の著者の一人として書いた文章のタイトルは、「世界の都市を転々としながら育む〝ここではないどこかへの想像力〟」であった。京都と海外各国を行き来する自身のワーク&ライフスタイルについて書きながら一番に伝えたかったことは、〝ここではないどこかへの想像力〟を通して、〝ここ(=日本)〟への理解を深めることであり、自身の世界観や価値観を相対化することの大切さだった。パンデミックが収束した今、より身近な考え方となった「多拠点で働く」という選択肢は、国内に留まらず、海外にも応用できるはずという私の考えはそれからも変わらない。

縁というのは不思議なもので、二〇二三年のドタバタベトナム出張がきっかけで、今私が共同代表を務める都市体験のデザインスタジオ・for Citiesはホーチミンにもオフィスを構えることになった。二〇一九年に創業したのは日本ではなくアムステルダムだったから、東京・京都を含め四つ目の拠点になる。腰を据えて活動している方々と比較すると我ながら随分ふらついているなとも思うが、海と海をつなぐ新しい世界の想像力を紡ぐのが私の役割なんだろうなとも思う。今私たちは、かつての「グローバル」をさらに超えて、地球・惑星規模、つまり〝プラネタリー〟に世界を捉えるべき時代に突入している。複数の島によって構成される日本という国に住む私たちには、海を渡らなければ見えない世界があるはずだ。世界への好奇心をもち続ける。この本がそのための一助になることを祈っている。

座談会

これからの建築・都市の実践を、グローバルに思考するために

杉田真理子
for Cities 進行
—京都／日本

八木祐理子
PAN- PROJECTS
—ロンドン／イギリス

藤井勇人
+5581studio
—リオ／ブラジル

畑山明人
SMEC,Goot Local
—メルボルン／オーストラリア

田熊隆樹
マンライスタジオ,
田中央工作群元所員
—宜蘭／台湾

小林一行
テレインアーキテクツ
—カンパラ／ウガンダ＝東京

様々な地域性を越えて、今、私たちが共有すべきテーマとは何か?そんな問題意識で、今回寄稿いただいた一六組の著者のなかから、各地域を代表して五名にお声掛けし、Zoomで一同に会した。各地域の時差を考慮した結果、日本時間二二時にスタート。リモート会議がニューノーマルになった今でも、ここまで世界各地から参加者が集まる会議は珍しい。本書の内容を振り返りながら、他地域の実践者とだから話せること、比較できること、そして、これからの未来について議論した（構成・文　杉田真理子）。

各国の個性とそこで働く面白さ

杉田（京都） 今日はお集まりいただきありがとうございます。まず執筆を終えての感想や、印象に残っていることがあればお聞かせ願えますか?

藤井（リオ） 五大陸のそれぞれを代表してお話しするなんて、サッカーのトヨタカップを彷彿とさせるようなモチベーションで興奮しています（笑）。移住して一六年が経ちましたが、過去を振り返りつつ、この先どうしていくかを考える良いきっかけとなりました。

小林（カンパラ） ウガンダは日本から飛行機で約二〇時間、時差は六時間と、ブラジルより近いものの、日本からの心理的な距離感はかなり遠いと感じています。また、多くの人にとってイメージが偏りがちな地域でもあるので、こうしたギャップをどう埋められるか、執筆を通じて考える良い機会となりました。

杉田 皆さんが他の地域と比較して、建築に携わっていくうえでのアドバンテージと感じる部分はありますか? また逆に、その地域特有の悩み、焦りといったものがあれば、ぜひ教えていただければと思います。

八木（ロンドン） ロンドンにいるアドバンテージは、やはり圧倒的な仕事のチャンスの多さですね。ロンドンに来て五年になりますが、プロジェクトはロンドン内だけでなく、ヨーロッパ各国、クウェート、アメリカ、中国など、様々な地域からオファーが舞い込んできます。ただ一方で、遠隔でプロジェクトを進めることが当たり前になっており、現場に足を運んで得られるような感覚的な情報や、現場で生まれるデザイン、コミュニケーションの深さをフルに享受できないことも多いです。それがロンドンにいる強みと弱みの両面かなと感じます。特に、現場に根付きながら活動している方々がもつ一体感や現地での密な関係性には、正直羨ましさを感じますね。

田熊（**宜蘭**《イーラン》）僕の経験は八木さんと真逆でした。台湾で働いていた事務所は、首都・台北から車で一時間ほどの宜蘭という人口五〇万人ほどの県で、田んぼのなかにぽつんとオフィスがあります。ほとんどのプロジェクトが宜蘭県内でした。現場があるときはほぼ毎日行っていました。

台湾の職人さんたちは、自分たちの判断で勝手に色々つくっちゃうんですよね。それを防ぐためにも現場に足を運ぶ必要がありました。「現場での毎日の戦い」みたいな感じが、とても面白かったですね。手すりや歩道のデザイン、小さな公園から大きな広場や体育館まで、大小様々なプロジェクトが日常に溶け込んでいて、街を歩けば、五分に一回は事務所の作品に出会うという状況。「自分たちの街をつくっている」という感覚が誇りでもありました。ロンドンのようなグローバルな環境とはまた違ったかたちで、「その場所に行かないと何も生まれない」というスタイルが、僕にとってはとてもリアルで、刺激的でした。

小林 アフリカで仕事をしていると話すと、「僻地で活動しているのですか?」「動物がたくさんいるんですか?」といった質問を未だによく受けます。このイメージは、私が最初にアフリカに行った二〇〇三年頃からほとんど変わっていないように感じます。しかし実際には、私たちが見てきたこの一五年ほどで、カンパラは大きく変化しました。都市人口が倍増し、環境も急速に変わりつつあります。日本では人口が減少傾向にあり、地方との格差や過疎化等の課題がある一方で、カンパラではまったく別の現象が見られるわけです。その違いを行き来するなかで、様々な視点を得ることができました。

またウガンダではプロジェクトに最初から最後まで関与しないと設計したものが実現しません。これが大変さでもあり、大きな喜びでもあります。建築に対する考え方がまったく違うので、日常的にとんでもないことが起こったりもします。

お金に関してもそうですし、図面の概念も違うので、我々の意図が、図面だけでは伝わりません。だからこそ、この場所での経験やプロジェクトの達成感は得難く、二拠点で活動を続ける原動力になっています。

畑山（**メルボルン**）オーストラリアでも現場で図面が読めない人もいて、口頭で説明する場面が日常茶飯事です。プロジェクトマネージャーや現場監督が理解していても、実際に作業する人々に正確に伝わらないことが多いんです。昔は私自身も現場でスケッチを描いて説明しましたが、それだけでは十分に伝わらず、結局、作業者の視点に立ち、身体を使ったコミュニケーションが重要だと気づきました。日本の施工管理の整然さは、羨ましいと思いますね。

田熊 台湾での現場では、現場監督とは中国語でやり取りしますが、現場監督と職人たちは台湾語でコミュニケーションを取ります。そのため、彼らが話している内容はほとんどわかりません。そのため、現場監督が通訳のような役割を担っています。

藤井 ブラジルと言えばコーヒーが有名ですが、意外にもネスプレッソのようなカプセル式コーヒーが人気なんです。そもそもコーヒーが世界で一番生産されている国で、なぜドリップコーヒーではなくネスプレッソのようなカプセルマシーンが流行っているのか？それは、味がブレないからなんですね。ブラジル人は自己主張が強く、自分らしさを出したいという意識が強いので、たとえば飲食店ではスタッフによってコーヒーの味が大きく変わるケースが多いんです。それを防ぐためにネスプレッソを使うことで、機械化された方法で一定の品質を保つことが好まれています。

ブラジルの主要都市も都市空間を最大限にマネタイズするべく建築が一つのエレメントとなっているのは

他の国の状況と変わらないと思います。まさにネスプレッソコーヒーのようにしてできた建築や都市です。
　一方で都市の周縁、いわゆるファヴェーラといわれるスラム街では、住環境が劣悪だからこそ自分の家をセルフビルドで建てることが自分の夢につながり、つまり建築が住民にチャンスや意欲を与えるものになったりすることがあります。
　両極端ではあるんですが、少なくとも私はそのような両極端な都市が表出している国に住んでいるのは刺激的だと思っています。

都市が独自性を保つには

杉田　グローバルな都市化が進むなかで、地球規模で都市を捉え、そのなかで日本の特殊性を考える必要があると感じています。日本というフィールドの特殊性についてはどう思われますか？

田熊　台湾での経験から感じたことがあります。台湾は多民族国家で、原住民をはじめ、漢民族や客家人、さらにはインドネシアやベトナムなどから来た外国人労働者を指す新住民が増えています。一方で、台湾では都市部の住宅の多くが鉄筋コンクリート造の複数階建てで、レンガを壁材として用いるスタイルが主流で、地域によって大きな差がありません。
　日本は単一民族の国でありながら、地域差が非常に大きいのが特徴だと思っていて、特に山奥には、独特の暮らしが根付いています。数年前に高知県で九二歳のおばあさんが一人で営む民宿に泊まった際、夜に屋根裏でタヌキが運動会をしていて(笑)、アジアの他の都市に行くよりも、むしろ日本の田舎に行ったほうが、新鮮な体験ができるんじゃないかという気も最近しています。

畑山　都市と田舎の比較という視点は非常に面白いと思います。私自身もバックパックで世界中を旅してきましたが、大都市同士を比較しても、あまり違いを感じないことがあります。たとえば東京とニューヨークを比べても、どこか似たような雰囲気があって新鮮味に欠ける部分があるんです。一方で様々な国で田舎や小さな地域を訪れると、独特の文化や雰囲気に触れることができて、それが本当にエキサイティングだなと。

そういう意味で、国単位で物事を分ける考え方は、現代ではもう古いのではないかと感じます。同じ国のなかでも都市部と他の地域では全然異なる体験ができる。そういった視点で、日本だけでなくこれからの都市を観察することが大切なのではないでしょうか。

藤井 ブラジルは地球の裏側と言われますが、僕は日本のほうが裏側だと思ってます(笑)。日本で育った私は、学校の地理の授業で日本中心の世界地図を使ってきました。でも一歩海外に出ると、世界地図を見ても日本は完全に極東に位置づけられ、場合によっては存在すら省かれることもあります。ただ、そうした地理的な位置づけが、じつは日本の最大の価値でもあると考えています。世界のなかで亜流であること、つまり特異な存在であることを、日本はもっと自覚し、国策として打ち出すべきです。そうしなければ、日本は単に観光地として消費されるだけの国になってしまうのではないかという危機感をもっています。

それでもなお驚くべきことに、日本人がブラジルに出張で来ると、「Japan as Number One」のような考え方をまだもっている人も少なくないです。上から目線で海外と接するような態度を取る方々を見ると、日本の外に出て、異なる視点から自国を見直す必要性を強く感じます。日本を外から見つめることで新しい視点が得られるのは間違いありません。

杉田 ありがとうございます。本当に、世界中の街がどんどん似たような雰囲気になってきていると感じています。最近ホーチミンに行っていたんですが、一〇年後にはここも東京のようになってしまうのではないかと考えると、少し寂しさを覚えました。もちろん現地の人たちには彼らなりの思惑があるのだと思いますが、独自の文化や雰囲気が失われていくのは残念に思います。日本に目を向けても、ビジョン策定の場で行政やディベロッパーの方々とお話ししていると、トロントやニューヨークといった欧米の都市の名前が頻繁に挙がることがあります。それ自体が悪いわけではありませんが、欧米の街をそのまま模倣してしまうような未来で本当に良いのだろうかと疑問を抱きます。

今後の都市づくりにおいては、均質化の波のなかでいかにユニークさを保ち、それぞれの都市が独自性をもち続けられるのかという議論が重要ではないかと感じています。

小林 先ほどの藤井さんの話からずっとコーヒーのことを考えていましたが(笑)、今のお話と絡めて思うことがあります。ウガンダのコーヒーは本当に美味しいのですが、その味が非常に不安定です。これを飲めば絶対美味しいと言えるコーヒーを見つけるのが難しく、常に味がぶれているんです。安定して美味しいコーヒーを飲みたいと思う自分もいて、でもそれを実現するためには、多くの無駄やバラつきを排除しなければいけないんだなとも思うわけです。

建築についても似たようなことが言えると思います。日本では図面を描けば、素晴らしい施工精度で建物ができると思われていますよね。けれど実際は現場では常に何かしら問題が起きているわけで、そのぶれを排除する作業が多く、結果としてクレームの出ないものをつくることに注力しているわけです。一方でウガンダではぶれや不完全さが魅力的に映ることもあります。

どちらが良いかは一概には言えませんが、藤井さんが仰ったように、「Japan as Number One」の時代は過ぎ去り今では世界全体が様々な側面で複雑に動いています。アフリカ大陸内も非常に多様ですし、それはヨーロッパや南米、アジアでも同じです。それぞれの都市が影響を与え合いバランスを取りながら進んでいくのだと思います。カンパラはロンドン等の西洋の都市からの影響を強く受けていると思いますし、逆にアフリカの都市がロンドン等に影響を与えている部分もきっとあるはずです。

杉田 ロンドンがアフリカの都市に影響を与えているだけでなく、その逆もまたありうるのではないかという視点が面白いですね。

264頁に続く

第一章　ヨーロッパ

ロンドン

多様性を祝福する創作活動

高田一正
八木祐理子
PAN-PROJECTS

PAN- PROJECTSが二〇一九年末にロンドンに拠点を移してから約五年が経つ。コペンハーゲンで二〇一七年に設立した年から数えるとちょうど七年の月日が流れたことになる。これまで「多様性の祝福」を一つのテーマとし、建築制作を中心に多岐にわたる創作に携わってきた。それは傍からは一見、建築とは呼べないようなインスタレーションやパビリオン、プロダクトであったりするのだが、それらも私たちの考える建築という創作の枠にあり、それらにこそ多様な要素を統合する力をもつ、建築ならではの素晴らしさがあると感じている。

「多様性」というキーワードが自分たちのなかで重要になったのは、ヨーロッパに移り住んでしばらく経ってからのことだった。歴史的に多民族が関係し合うなかで育まれてきた社会や文化の在り方に感銘を受けたことも一つの要因だが、大きくは私たち自身が明らかなアウトサイダーとして生活し始めてからの体験にあるように思う。コペンハーゲンはとても国際化が進んだ都市の一つであるが、それでもアジア人としての自分を意識することが多かった。他とは異なる存在として暮らすことは、ときに難しいこともあるが、それよりも、こんなにも異なる自分たちをこうも皆が快く受け入れてくれるのか、という嬉しい発見に満ちた経験のほうが圧倒的に多く、とても居心地が良かった。すごくありきたりではあるが、社会が多様な文化を受け入れ、それを楽しみ育むことができることの素晴らしさを、身をもって知ったのである。

スタジオを設立する際に、自分たちのことを考えた。日本人である私たちが国外に事務所を構えるとはどういうことなのか。私たちはどういった建築を通し、社会に何を伝えていきたいのかと。そこで自然と生まれたキーワードが「多様性の祝福」であった。私たちアウトサイダーが異国で何かを成そうとするとき、私たち自身が多様性を否定するようなことはあり得ない。私たち自身の存在が多様性を肯定し、むしろ祝福するよう社会を推し進める、そんな創作活動を行おうと決めたのである。それがPAN-PROJECTSの始まりであった。

そこにはまた、私たち自身の建築に対する考え方も反映されている。建築は多様なものやことを、ある意図や知識をもって組み合わせ、統合することによって生み出される創造物である。その多様な要素を統合し何かしらの形とするその行為にこそ、建築の本質があり、私たちはこれをときに統合芸術と呼んでいる。たとえば、石を積み重ねるとき、そこに統合しようという意図をもたなければ何にもならないが、そこに意志と知識が加われば、それはたちまち壁となり、アーチとなり、建築となる。複雑な個をそのままに統合し表現する、多様性を包含した創作物、それが我々の思う建築である。こうした自分たちのテーマとも呼ぶべき考え方は、多くの人々や文化に触れる生活のなかで育まれてきた。

時折、PAN-PROJECTSの名前の由来を聞かれることがある。Pan-とは日本語にすると「汎」と訳されるのだが、これは英語で一般的に使われる接頭語で「すべての」や「全部合わせた」のような意味合いをもつ。たとえばPan-Asiaといえば、アジアのなかには多種多様な文化や人々がひしめき合っているが、それらを何かしら一つに統合したもの、ということになる。元は古代ギリシャ語に由来する言葉で、誰もが知っているパンテオン

(Pan-Theon) は、パン（すべての）テオン（神）という意味から、すべての神々に捧げられた神殿という意味合いをもつ。いかなる複雑で多様な要素も瞬く間に、大らかに一つの何かにしてしまう、このマジックワードを知ったとき、これこそ私たちがやるべきこと、建築だと思った。だから私たちはPAN-PROJECTSであり、私たちのつくるプロジェクトが、多様な感性や文化、人々の、その活動の礎になるような、そんな像を目指し日々奮闘している。

上：「Floating Pavilion」（設計：PAN-PROJECTS 二〇一八年） 下：「FOS」（設計：PAN-PROJECTS 二〇一八年）

「Paper Pavilion」（設計：PAN- PROJECTS 二〇一七年）

高田一正と八木祐理子に尋ねる

—

ロンドンで設計事務所を運営するためのQ&A

高田一正：一九九一年高知県生まれ。二〇一七年Royal Danish Academy of Fine Arts, School of Architecture修了。二〇二二年Royal College of ArtにてAssociate Lecturer。二〇一七年PAN- PROJECTS共同設立。王立英国建築家協会登録建築家(RIBA/ARB)。

八木祐理子：一九九一年兵庫県生まれ。二〇一七年京都工芸繊維大学大学院建築学専攻修了。二〇一七年PAN- PROJECTS共同設立。デンマーク王立建築家協会登録建築家(Arkitekt MAA)。二〇一九年PAN- PROJECTSとしてロンドン移転。

［*Q1* 活動内容］

現在はロンドンを拠点にしながら、世界各地で様々なプロジェクトを同時進行している。最近はヨーロッパ近辺ではロンドンを始め、バルセロナ、リスボン、マラケシュでのプロジェクトに携わりながら、中東のクウェートで小さなインテリアのプロジェクトが先月竣工したところである。日本でも複数の計画が同時進行しており、目まぐるしい日々を送っている。この文章を書いている現在は、エストニアとラトビアの国境に跨る街において、裁縫工場から廃棄される端切れを用いた作品を制作中で、数週間後にはエキシビションで展示を行う。最近では、高田が二〇二二年からロンドンのRoyal College of Artで教鞭を執り始めたこともあり、レクチャー等に呼ばれる機会も増え、二〇二三年にはタイで行われた学会にも登壇した。

二〇一九年末にロンドンに移住した後、パーティーで会う建築家各々に、アドバイスを聞いて回っていたことがある。その際に口を揃えて言われたのが、「ロンドンに事務所をもつということは、ロンドンのプロジェクトをするということではない。世界の仕事をするということだ」という言葉だった。

渡英したばかりの頃は、何をそんな大袈裟なことを言っているのかと思っていたが、しばらくしてそれがこの都市のスタンダードだと気づくことになる。それは単純な話で、様々な人が行き交う場所だからこそ、プロジェクトが様々な国から入ってくるのだ。私たちもウェブサイトの所在地の表記をロンドンに変更しただけで、アゼルバイジャンやアメリカ、サウジアラビアや中国等の各国からメールが届くようになった。残念ながら多くは未だ現実には至っていないが、こうした可能性と隣り合わせの日々には心踊るものがある。

【Q2 活動のきっかけ】

海外に拠点を置いているとよく、「なぜ海外で活動しているのか？」と問われる。これは建築という職業に関わらず多くの日本人がもつ疑問の一つなのだろうが、聞かれた際には、逆に「なぜ、あなたは日本に拠点を置いているのか？」と質問することにしている。これに直ぐに回答できる人は少ない。自分が拠点を置く場所が、なぜロンドンでも、ドバイでも、北京でもラゴスでもなく日本なのか？

私たちが海外に身を置くことになった理由は多々あるが、一番の理由は純粋に「そのほうがワクワクするから」。この一言に尽きるように思う。そのほうが刺激的なプロジェクトに出会い、様々な土地でたくさんの未知な作品をつくる機会に溢れているという、純粋な好奇心がまずあった。ロンドンは先に述べた通り、そうした目的にしっくりくる土地である。

少し具体的な理由を述べるなら、二〇二〇年にブレグジット（Brexit：英国のEU離脱を意味する造語）が起きたこともコペンハーゲンから拠点を移す大きなきっかけとなった。デンマークは世界有数の高福祉国家で有名だが、その恩恵を受けるには往々にしてEU市民である必要があった。たとえば学費はEU市民は無料だが、他国籍の人は払う必要があったり、学生を終えたタイミングでEU市民であれば仕事が見つかるまでの間、政府から給付金が支給されるのだが、私たちにはそれがなかった。そうした権利の格差は絶大で、同級生が卒業後に悠々自適の休暇を過ごしている間、私たちは必死に生き残ることだけを考えていた。そんなときに起きたブレグジットは、英国がEU特権制を廃止し、世界中の人々にフラットな場所になる、という宣言をしたかのように私たちには感じられたのである。もちろんブレグジット自体に対して賛否はあった

一緒に働くチームメンバーと、事務所兼自宅にて

ものの、私たちはその可能性を信じ英国行きを決めた。

「Q3 事務所開設までのプロセス」

まだ高田が大学院の卒業設計中、八木に至ってはデンマークに到着して数日しか経っていない二〇一七年春に提出した、デンマークの若手建築家登竜門のコンペ「CHART Architecture」に入賞した。それは毎年開催されるスカンジナビア最大のアートフェア、「Copenhagen Art Fair(CHART)」において、五つのパビリオンを選出された各ファイナリストが実際に建設し、そのなかから一番を決めようというものだった。そこで幸いにも私たちの制作した「Paper Pavilion」(二〇一七)が一位に選ばれ、さらにパビリオンは後に美術館に購入されるに至った。その際のコンペの副賞が賞金ではなく、審査員でもあったデンマークとスイスの有名な建築事務所とデベロッパーのCEOによるメンターシップを受けられるというものであり、その後押しもありスタジオを卒業後すぐ設立する流れとなった。

デンマークは大学院を卒業すれば、それがEUや英国で認知される建築家資格となるため、資格に関する不安はなかったものの、特に誰からの金銭的なサポートもなく、学生上がりですぐスタジオを設立すること、そしてそれでお金を稼ぎ、生きていくということは簡単なことではない。先述した「Paper Pavilion」が美

術館に購入され、まとまった収入が得られるまでは、その日生きるお金を得るために、現地の寿司屋で皿洗いをしていたこともある。住む場所も友人や、またそのつながりを訪ね、なるべく安いところを数ヵ月ごとに転々とするなど、今思えばとても不安定な日々であったかもしれない(そのときに助けてくれた人々には今も本当に感謝している)。

また設立当初はスタジオと呼べる決まった働く場所はもちろんなく、公立図書館に水筒と弁当を持参して朝から夜まで入り浸って議論や作業をする日々であった。

その後、一つ、また一つと作品が完成すると、それを見てくれていた施工会社を運営する知人が声を掛けてくれ、彼のスタジオを又借りし自由に使わせてもらえることとなった。そこがデンマークでの様々なプロジェクトを進める拠点になり、またプロジェクトの施工を彼にお願いすることで、もののつくり方から職人さんとのコミュニケーション、工事の進み方など本当に初歩的なところから、多くのことを教えてもらった。

そして何より、自分たちの活動を続けていくにあたってプロジェクトのチャンスをどのように生み出すのか、その事を常に考え実行し続けた。

そこで私たちが取った作戦は、「都市に小さなアイデアの爆弾を落とす」というものである。私たちを客観的に見て日本に置き換えれば、東京の外れで突然開業した学生上がりの外国人二人組ということになる。真っ当にやっていたのではクライアントが付くわけもない。誰からも頼まれないのであれば自分たちでチャンスをつくるしかない。そこで考えたのが小さな爆弾作戦である。それは小さいながらも強いメッセージをもった作品群をつくり、自分等の存在と声を社会に示そうというものである。

幸いヨーロッパには多くの芸術財団や公共の助成金、若手向けの小さな実施コンペが多く存在しており、チャンスを獲得できれば小さなパビリオンやインスタレーションを制作することができた。実際に架空のプロジェクトを計画し、それを実現するためにデンマーク芸術財団から助成金を受け建設に至ったのが、運河に浮かぶ「Floating Pavilion」(二〇一八)である。また滞在型のアーティスト・レジデンスでベルギーに三ヵ月間程滞在し制作した大型のインスタレーション「FOS」(二〇一八)もこの作戦の一環であった。こうした活動を続けるなかでメディアにも取り上げられるようになり、少しずつプロジェクトの依頼を得られるようになっていった。しかし今も基本的なスタンスは変わっていない。私たちはあくまでもアウトサイダーの存在であり、自ら動き、声を上げない限り、何も与えられることはない。スケールは違うにせよ、今も変わらず、絶えず可能性を探してはその実現に向けて日々働き掛けている。

[Q4 事務所運営]

現在ロンドンのスタジオでは我々二名とスタッフ三名との多国籍な少数精鋭の体制で活動している。それに加えて基本的には各プロジェクトにそれぞれ現地のローカルアーキテクトとなるコラボレーターを置き、チームを組み設計に取り組んでいる。

協業の仕方もそれぞれのプロジェクトで異なる。大型のプロジェクトでは私たちのスタジオは基本的には意匠を担当し、各地元の設計事務所やデベロッパーが詳細図面作成や申請手続き等を行うように分けることが多い。そこまで大きくない場合はフラットな立場としてローカルアーキテクトをチームに迎え入れ、同じ立場で議論しながらプロジェクトを進めていくことが多い。そうしたほうが、私たちのデザインも一辺倒にならず、より多様な解釈が生まれることが多いため、可能な限りはそうしたプロセスを踏むように心がけている。

またプレゼンやデザインのプロセスに関しては、極力言語に頼らず、ビジュアルコミュニケーションに重きを置くことにしている。それはクライアントやプロジェクトに関わる全員が必ずしも英語に堪能とは限らないためである。私たちの仕事の多くは幸い可視化することができ、またそのほうが理解されやすいことも多い。こうした考えから紙芝居のような独自のプレゼン方法を考案し、今では一度のプレゼンテーションのスライドが一〇〇枚を超えることが常である。

多様な文化的背景のチームで協業する際に気をつけている点としては、良い点を探し合う、ということである。日本的なデザインの洗練の方法は、叩いて削る、が主流のように思う。刀を打って精錬する工程のように、荒削りの案から不要なもの、悪いものをなくしていき最後に残った本質とも呼べる点に、良いデザインが立ち現れる。そのようなやり方もあるが、何を悪いとするのかは人それぞれで、何かにNOを突き付けるのはじつは多様な解釈があり難しい。一方で良い点、何かに「それのここが良いね」と、YESを言うのは意外と容易で共感を生みやすい。誰かがこれは良い、と思うものは他者にとっても良いことが多いのだ。そうした「良い」部分に着目し、それだけを伸ばしていくような議論を続けるうちに自ずと悪い部分が見えなくなり、やがては消滅する。そうした対話のなかから生まれるデザインの可能性もあるのだと、様々な人々と協業するなかで自然と学んできたように思う。

仕事の進め方や文化の違いは、各地にもちろんまだ存在しており、ときに厄介な問題にもなる。それは建設の方法や働き方、法規や都市に関する考え方、はたまた契約や支払いの考え方にも反映される。挙げ始めればきりがないが、以下にいくつかピックアップしてみたい。

現場において日本と海外で最も顕著に異なるのは、建設期間に関する考え方ではないだろうか。日本では締切厳守が重視され、無理なスケジュールでも最後には完成させることが期待される。一方で、海外では工期の延長が一般的で、スケジュールを守ることへの価値観が異なる。デンマークの現場では、明らかにオープニングに間に合わないスピードで作業する職人に急ぐよう意見したが、結局協力を得られないこともあった。

文化と気候の違いを感じたのは、クウェートの「ORI」の現場である。新築モールに入る店舗設計だったのだが、驚いたのが、エアコンの設置から工事が始まることだ。外気温が五〇度にも達するため、現場は想像を絶する暑さになる。そのため職人を守ること、また資材保管の観点からも、何よりもまず空調機器を整えることが必要だった。また色に関する感覚も異なり興味深かった。たとえば、照明設計において私たちは電球色を希望したが、ローカルアーキテクトに温白色以上の照明しかクウェートには存在しないと教えてもらった。詳細な理由はわからないが、五〇度の気温のなかで暖色の照明はふさわしくないのかもしれない。塗装色に関しても、緑は宗教的な意味合いがあるため店舗にはあまり用いられないこと、赤色は血や株価が落ちたときのグラフの色を連想させ縁起が悪いためNGなど、新たな発見があった。

また既存建築がもつ歴史的なレイヤーの深さも日本と大きく異なる場合が多い。そしてそれは楽しくもあり、問題となることも多い。リスボンで携わっている自動車工場の改修計画では歴史調査の結果、エッフェル塔で有名なエッフェル設計のトラス屋根であることが判明し、関係者一同胸が躍った。ロンドンでの一九世紀に建てられた住宅の改修計画では、不可思議な細いトンネルがコの字形に地下室から伸びていた。調べてみると一九〇一年の図面にはコの字の中央に当たる箇所に空間が存在しており、現在はそれが何かしらの理由でレンガと土で埋め戻されていることが判明した。その五〇平米程度の空間を再発掘する術をクライアントが模索するために計画は一時中断している。

自発的なプロジェクト「Super Reuse!」ではポイントクラウドを利用し、リサーチや設計を進めている

［Q6 資格や金銭面での注意点］

先述した通り、資格に関してはデンマークの大学院卒業と同時に得られたため大きく不安はなかったが、資金や税金等に関係する困難を多く経験した。学生からそのまま事務所を(しかも悪いことに税率が非常に高く厳しいことで有名な北欧にて)、始めたこともあり、お金に関しては非常に苦労した。そもそも税金がどういったものなのか、会社を起こすこと、法人とは何なのか、そういった基本的な社会の常識とも言えることもまったく知らない状態からのスタートであった。ただデザインができる、それだけでやっていけると本当に信じていた。しかし、現実はそのようなはずはなく、デンマークの税務署と何度も電話で掛け合い、様々な面で、クライアントを含む多くの関係者に多大な迷惑を掛けながら学んできた。その過程でデザイン料が支払われず無一文になったり、税金計算を劇的に間違え突然巨額の請求書が税務署から届いたりと、徹底的に痛い目にあってきた。

しかし、そうした経験を二〇代の早い段階でできたのも今となっては自分たちの大きな財産となっている。地獄のような日々であったが、今と

VRを使ったデザインの検討と確認を行う様子

なっては非常に貴重な体験をさせてもらえたとすら思えている。事務所を始めてから三年程は、食べ物を買うことすら憚られる極貧生活のなかで、常に創作活動を続けていた。この間に本質的な問いを、毎晩悶々と考え続けていた。デザインフィーとは何か。そもそもお金とは何か。会社とは。仕事とは。価値や資産とは。なぜ極限まで働いている自分たちの手元に、お金が生み出されないのか。自分たちの語る社会は、なぜ自分たちに価値を見出してくれないのか。我々は必要とされていないのか？

こうした自らの活動と価値の関係性、その問題を極限状態で真っ向から捉え自問自答できたのは、逃げ道のない海外で自分たちが活動をしていたからこそであったように思う。

［Q7 メリットとデメリット］

メリットは多様な価値観に触れられること、自分たちの活動の範囲が一つの街や国に縛られないため視野が広がること。それはスタジオ運営として考えるならば、市場の拡大につながり、チャンスが増える結果となる。様々な土地でプロジェクトが進められるデメリットは、現場との距離が否応なく生まれてしまうことである。これにはいつも歯痒い思いをさせられている。複数のプロジェクトが同時に進行するため、常に現場に常駐するというわけにはいかず、必要な現場での判断がどうしても後

「House T」プロジェクトCGイメージ（制作：PAN-PROJECTS 二〇二二年）

手に回ってしまう。こうした点を少しでも改善するために三六〇度カメラの各現場への導入や、VRを設計段階から取り入れ、現場の施工状況確認にも用いている。最近は3Dスキャンで既存建物をポイントクラウド化し、より詳細な3Dを用いた設計手法も取り入れ始めている。

［Q8 今後の展望］

今後は拠点を各地に複数増やしていきたいと考えている。現状のような少人数のスタジオを、ロンドン拠点を維持しつつも日本や東南アジア、アメリカやアフリカ大陸などにも構えてみたいと考え計画している。少数精鋭でありながら、複数の国に跨り、各地にいるスタッフやコラボレーターから、まったく聞いたことのないようなインスピレーションを集合させ、プロジェクトを各地で進めていきたい。一〇〇人が一ヵ所に集まるようなスタジオではなく、五人規模のスタジオを世界中二〇拠点にもち、そして年ごとに各スタッフが場所を入れ替われたら、どんなに楽しそうなことか。

PAN- PROJECTSはやがて一つのプラットフォームのような存在となり、多様な思想をもった様々なタレントたちが協働してプロジェクトをかたちにしていく。そんな運動体のようなスタジオになれたら素敵だと思う。実現にはまだ時間が掛かるかもしれないが、ビジョンをもって柔軟に進んでいきたい。

ヨーロッパ中の若手建築家が集まるNew Generations Festivalにて、参加者の皆と

アントワープ——京都

確たるモノを選別し、適した解答を与える

服部大祐
Schenk Hattori

《「傾斜」と「平坦」》

ベルギーは平坦な国だ。スイスで数年を過ごした後に渡ったため、余計にその印象が強かった。ところで平坦と表現したが、実際、完全に平坦な場所なんて地球上にほとんど存在しない。地球自体も円弧を描いているのだから、当然だ。

では傾斜について考えてみる。床・地面に僅かな傾斜があった場合、それが建物の内部だとすごく気になったり、「欠陥住宅だ」と過剰に反応するくせに、それが外部で、自然の一部として認識されると、途端に「概ね平坦」といった具合に、ものすごく大雑把な捉え方に変わる。

平坦と表現されるけれど、実際には平坦じゃない。そして、その程度に関する基準もあるようでない。人の認識するカタチと、実際に物質がもつ形状の間には差異が存在するし、その程度も状況によって移り変わる。人間の知覚は非常に曖昧で、だからこそ面白い。

《パビリオンでの実践》

ベルギーのアントワープで個展を開く機会があり、施設の中庭に、地面に半分埋め込む形のパビリオンをつくることにした。予算が限られていたので、施設の過去の展示やイベントに使用された廃材を用いて建てることになった。

この中庭は、中央に向かって下ってゆく僅かな傾斜がついていたのだが、何もない状態だと歩いていてもほとんど気づかない程度の勾配で、実際のところ既存の施設図面には表現されておらず、いわばないものとして無視され続けていた。

その傾斜が、中庭を横断する全長三〇メートルの細長いパビリオンの水平性との対比によって初めて顕在化され、人々の意識のうえに立ち現れた。傾斜はパビリオン内部にも取り込まれ、端に向かうに従って地面が僅かに上がってゆき、両端では人の通れない高さにまで天井高が絞られる。地形が、パビリオンの内外を規定する。

外部においては、中庭の中央部分、地面レベルが最も低くなっている場所に向かう方向性が生まれ、緩やかな傾斜の円形劇場のような野外空間ができ上がる。ここではパビリオンの外壁が投影壁面となり、展示会関連のレクチャーイベントなどが行われる。

基礎がなく直接土に触れているので、地面から生え出たような、この場所に強く根ざした存在としての印象を与えるパビリオンだが、やはり廃材による最低限以下の仕様による限界は如実に現れる。数ヵ月の間、外部環境に晒され、徐々に劣化してゆき、ついには形状を保つことが難しくなる。廃材でつくられた頼りない構築物の存在は、この「場所」、この「時間」でしかあり得ない生の体験を強く印象づける。

《「無視されていた地形」の可視化》

建築設計においては、常に様々な事柄や情報が膨大な量の与件として存在している。それらのなかから、信じられるモノとそうではないモノを選別していき、設計の根拠となり得る確たるモノを探り当て、それに対する適した解答を与えることができたとき、そこに現れる新しい風景はある種の必然性を獲得する。別の言い方をすれば、その場所において適切な空間的・時間的連続性を生み出すことができる。設計の根拠となり得る確たるモノ、このパビリオンの場合は、平坦という表現で忘れ去られていた地形がそれであった。

　平坦と表現されるけれど、実際には平坦ではない状態。その場のもつ状態に対する「注意深い観察」という行為によって、水平なパビリオンが〝平坦〟な中庭の「無視されていた地形」を可視化する。それは固有の場所で見過ごされていた、あるいは未だなかった体験の可能性を取り出し、具現化するための試みだと言える。

　新しい建築が場所との関係において必然性をもって立ち現れることで、そこでの体験もまた、何かしらの道筋で場所に接続し、訪れる人はその建築の存在をすんなり受け入れることができるようになる。そうすることでヒトは初めて、余計な思考に妨害されることなく、純粋に感覚的に空間と対峙することが可能となる。

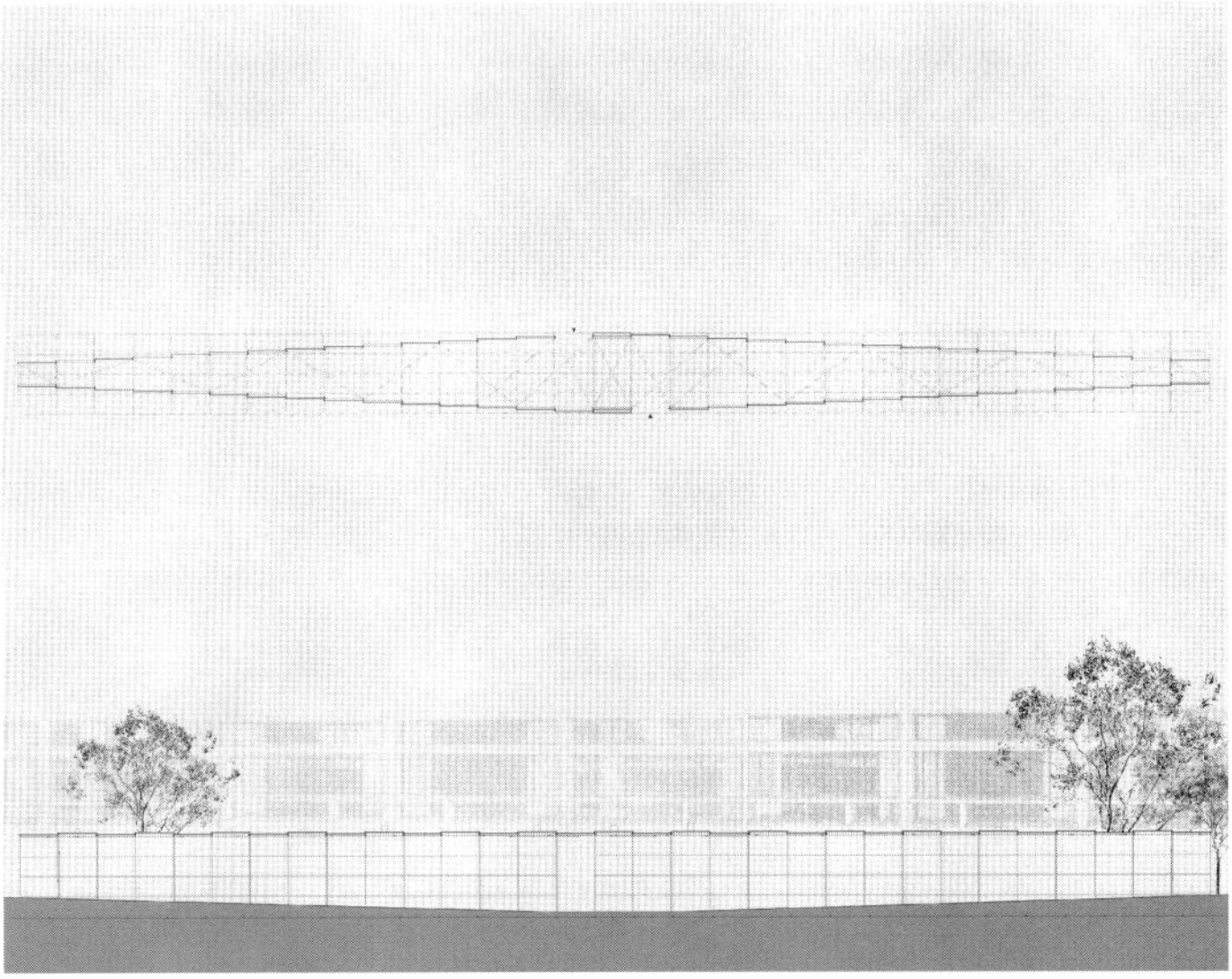

「Exhibition Pavilion in deSingel」（設計：Schenk Hattori+SUGIBERRY 二〇一一年）平面図・断面図。パビリオンの水平性との対比で地面の緩やかな地形が可視化される

「Exhibition Pavilion in deSingel」（設計：Schenk Hattori+SUGIBERRY 二〇一二年）内観。パビリオン設置後に埋め戻した土がそのまま床仕上げとなる

外観。施設の中庭を横断するように細長いパビリオンを配置した

服部大祐に尋ねる

―

アントワープと京都で設計事務所を運営するためのQ&A

服部大祐：一九八五年神奈川県生まれ。二〇〇八年慶應義塾大学環境情報学部卒業。二〇一二年メンドリジオ建築アカデミー修士課程修了。二〇一四年 Schenk Hattori 共同設立。日本建築学会作品選集新人賞、東京建築士会住宅建築賞など受賞。

［Q1 活動内容］

Schenk Hattori の活動は、建築設計・監理業務になる。

事務所の特徴としては、日本とベルギーの二拠点で、建物の規模や用途に捉われることなく、また新築・改修の双方において幅広く建築設計に携わっている点が挙げられる。

具体的には、小学校や休憩所、自然公園のエントランスゲートといった公共建築に加え、住宅やオフィス、ときには期間限定のパビリオンや展示の会場構成などの仕事を行ってきた。

［Q2 活動のきっかけ］

大学院でスイスのイタリア語圏にあるメンドリジオ建築アカデミーという学校に留学した。自分が好きな建築家が教えている学校に行こうと考えた結果、その大学に行くことになっただけで、元々「海外に行きたい」「海外に住みたい」といった願望はもっていなかった。

最初は大学院の二年間を終えたら帰国するつもりでいたのだが、行ってみたら想像していた以上に大学の設計課題が楽しくて夢中になった。何の娯楽もない田舎町だったので、建築設計に没頭し、酒の場でも学生同士、延々とお互いの課題内容を批評し合う、兎にも角にも建築に集中する時間を過ごすことができた。

都市にある他校の生徒たちからは「建築修道院」と揶揄されるような学校だったが、それだけ濃密な時間のなかで構築された自分の建築感や、そこで出会った友人たちは一生の財産だと思っている。

そんな建築設計にどっぷり浸かった学生生活、そこで知り合い意気投合したベルギー人の同級生が、事務所のパートナー、スティーブン・シェンクだ。

スティーブンとは、建築の興味が驚くほど一致していたことや、お互いにサッカーが好きなこともあり、毎週近くの体育館でフットサルをした帰りに、彼の住んでいた学生寮で建築とサッカーの話をつまみにビールを飲む日々を送っていた。じつはスティーブンとは大学院の最初の一年間しか学校での時間を共有していない。彼が、在学二年目にバーゼルの設計事務所にインターンに行き、そこで担当していたコンペで勝利し、そのまま就職する流れとなったためだ。それでも、数年後にようやく僕が卒業するまでの間も、頻繁に連絡は取り合っていた。

京都オフィスメンバー。旧市街の路地にある三軒長屋の一軒を改修して使用

アントワープオフィスメンバー。チームでハイキングへ行ったときの一枚

卒業し、ジュネーブの小さな設計事務所に就職していざ実務を始めてみると、スイスの労働環境の良さに驚いた。土日に働くことはなく、平日も大体一九時、遅くとも二一時には皆仕事を終える。メンドリジオでの昼夜ぶっ通しでの設計課題が身に染み付いていたため、設計をしていない時間の過ごし方がわからなかった。ちょうどその頃、スティーブンが前職を辞め、チューリッヒ工科大学の設計助手を始めていた。助手の仕事は週二日のため、彼も残りの時

間の過ごし方をどうしようかと困っていた。すぐに、どちらから誘うでもなく、週末や勤務後の時間を利用して二人でいくつかの設計コンペに参加するようになった。そこでのやり取りがとても面白く、あるコンペの打ち上げの際にスティーブンから「二人で事務所をやろう」ともち掛けられた。その場で「オッケー、やろう」と即答した。それが僕らの事務所の始まりだった。

［Q3 事務所開設までのプロセス］

勢いで事務所を始めることにして、その勢いのままに勤めていた設計事務所を退職し、さて、拠点はどこにしようかという話になった。僕が日本人、スティーブンがベルギー人、二人がいるのがスイス。じゃあ、日本は遠いのでベルギーで、スティーブンの故郷が近いアントワープで事務所を始めよう、ということで拠点が決まった。

ヨーロッパで日本人が働く際に必ず立ちはだかる一つの壁がビザの問題だ。ベルギーは比較的ビザ発行のハードルは低いのだが、僕らの場合、まだ何も実績がないこと、ベルギーでの仕事のアテも一切ないことなどが問題になった。「僕とスティーブンが同級生である」、「二人で設計をすると良いものができる」といったようなことは、あちらからしたらどうでもよく、「日本で進行中のプロジェクトがある」とか「日本人クライアントのプロジェクトがベルギーで進行中」といった明確な理由が求められた。そういったことを説明する材料がなくずいぶん苦労をしたが、大学での設計課題の成績や、あることないことを詰め込んで、「とんでもなく能力の高い逸材」だというでっち上げによって、最終的にあちら

初期ベルギーオフィス外観。一六世紀の煉瓦造の建物。古くは施設美術館として使われていた

が根負けしたかたちで何とかビザを発行してもらえた。

「海外でビザ取りたかったら、地元の人と結婚するのが一番楽」というような冗談をよく耳にしたが、実際に苦労した経験のある身からすると、あながち冗談でもないよな、と思ってしまう。

いずれにしても、現地に頼れる相方がいることは、とても重要である。僕の場合はスティーブンがいたので何とかなったが、自分一人だったらベルギーに行くことはなかったし、そもそもヨーロッパに残って自分の事務所を開く、何てことも間違いなく考えなかっただろう。

そういったかたちで、事務所を開くまでに一苦労があったが、いざアントワープで事務所を構えてみても、当然ながら最初はまったく仕事がなかった。二〇一四年六月、ちょうどサッカーワールドカップが開催されており、日中は事務所のボロアパートの壁のペンキ塗り、疲れてきたら「作戦会議」と称して二人で近くの広場のカフェに行き、そのまま夜まで屋外テラスでビールを飲みながらサッカー観戦、という日々を過ごし

京都オフィス内観。古くなった土壁、地面の土をそのまま現した仕上げとしている

ていた。後から振り返ると、人生で最も暇でまったく先の見えない、それでいて何だか可能性に満ちたような、非常に幸福で優雅な時間だったように思う。

ほどなくして、「独立して、どうせまだ仕事ないんだろう」という親切心から、スティーブンの友人や叔父から、アパート改修や新築住宅の依頼が来るようになり、何とか仕事が進み始めた。

独立して建築設計を仕事にするということは、強固な後ろ盾や資金力でももっていない限り、とても不安定な生活に自分を投じることになると思うが、その状況を楽しむだけの根拠のない自信やポジティブな態度をもつことは、仕事を続けていくうえでとても重要な要素になると思う。

［Q4 事務所運営］

事務所を始めて最初の四年間は、まずはベルギーでの仕事を着実に広げていくことに専念した。スティーブンの友人や親戚経由の仕事を受けているうちにだんだんとわかってきたことは、ベルギーで個人のクライアントを相手に仕事をすることの難しさだった。

ベルギーではレンガ造が主流である。ちょうど日本の木造のような立ち位置で、住宅のような小規模な建物は大体レンガ造で建てられる。レンガは、誰でも簡単に積み上げていくことができるため、ベルギーではDIYで自邸を建てるのが今でも割と一般的だ。週末の時間を使って、ホームセンターでレンガとセメントを買ってきて、自分で家を建ててしまう。さらに三〇年前に同じように自邸を建てた経験をもつ父親が強力な助っ人として参戦する。そのため、彼らからすると、建築家は確認申請のための図面を描く人という認識が強く、建築家が工事監理を行うということの意味合いを理解できない人が未だに多い。当然、工事監理までをしっかり行わないと建築作品としてのクオリティの担保は難しいので、途中でプロジェクトが上手くいかなくなるケースが頻発する。

個人相手の仕事がなかなか難しい一方、公共建築に目を向けると、ベルギーのコンペ制度はとてもよく考えられており、日本の行政も見習うべきではないか、と思う。いくつかのコンペ開催プラットフォームがあるが、最も有名なものはフランダース地域のOpen Callと呼ばれるコンペのプラットフォームだ。

一九九九年に始まったこの枠組みでは、年に二度、様々なコンペの公募が行われる。学校・美術館・市庁舎など大小様々な建築や、郊外再開発・旧軍事施設再整備といった都市計画的なものまで、そこに集められる案件のプログラムやスケールは多岐にわたる。応募にあたり実績による制約はなく、ヨーロッパの建築資格を有する設計事務所なら基本的に誰でも参加することができる。

審査は一次の書類審査、二次の設計提案という二段階方式となっている。

あるコンペのプレゼン模型。五〇年後も残したいので紙ではなく木でつくる

一次選考では、明確な基準が示されているわけではないが、多くの案件で「ジョーカー枠」と呼ばれる若手事務所や国外事務所が一組は入るようになっている。少し話が逸れるが、よその国の例を見ても、スイスの二段回審査コンペなどでは「設立五年以内の若手事務所を最低一組は二次に残す」ということが要項に記載されている場合があり、ヨーロッパではこのジョーカー枠の考え方が割と一般的なのかもしれない。

書類選考を通過し、二次選考に進んだ場合、およそ二、三ヵ月を使って設計提案を準備する。体力のない若手事務所にとってありがたいことに、二次まで進むと提案の提出さえ行えば一定の参加報酬が支払われる。案件の規模にもよるが、総工費数億円程度の小規模建築案件でも一〇〇〜一五〇万円程度は支払われるので、コンペ作業に掛かる実費分のコストは問題なく支払うことができる。総工費数十億円程度の大規模案件になると一〇〇〇万円程度のフィーが支払われるので、複数の小規模事務所で協働体制を組み、作業スペースや機材のレンタルなど、余裕をもって必要なものを整えることが可能だ。

現在、Open Callがベルギーのコンペシーンを牽引する存在となっているが、他にもブリュッセル首都圏地域のものや、ウェストフランダース州のものなど、言語圏や扱う案件の規模が異なるいくつかのコンペのプラットフォームが存在する。

それらのコンペに共通する「一次選考におけるジョーカー枠」、「二次段階から発生する参加報酬」といった仕組みによって、若手事務所の多くが積極的にコンペに挑戦できる環境が整っている。実際にOpen Callが始まってからの二〇年余り、ベルギーでは若手事務所が手がけた公共建築がどんどん建っている現状がある。

OFFICE Kersten Geers David Van Severen、architecten de vylder vinck taillieu（二〇一九年に解散しそれぞれの事務所を設立）、51N4Eといった事務所がキャリアの早い段階から国内で実績を蓄え、国外でも競争力をもった事務所として一気に台頭してきた事実と、こういったコンペシステムの存在は、決して無関係ではないだろう。

うちの事務所も、僕がベルギーにいた四年間で三つの案件をコンペによって獲得し、以降もベルギーではコンペを主戦場として活動を行っている。

［Q5 不在にする場所への対応］

ベルギーでの活動が軌道に乗り、「じゃあ日本でもやってみよう」と帰国して以降も、数ヵ月に一度のペースで二国間を移動しながら協働を行ってきた。

コロナ禍によって状況が大きく変わり、以前のように容易に往来ができなくなり、徐々に協働の在り方が変化してきた。最初のうちは意識して頻繁にオンラインでのやり取りを行っていたが、それも徐々に少なくなり、今ではたまにお互いの近況報告をする程度の頻度になっている。

僕がベルギーにいる間に獲得した案件のほとんどが無事に竣工を迎えたことや、日本国内での案件も徐々に増えてきたこと、またそれぞれ新しいスタッフを迎えて事務所の体制が整いつつあることも関係してか、お互いが自国での活動に専念する状況になりつつある。

【Q6 働き方の工夫】

今、僕らはオンラインツールを用いることで、いつどこで誰とでも容易にコミュニケーションを行える環境のなかで生きている。一方で、建築はそれぞれ固有の場所に建てられる。当然、一つ一つの建築は、その場所の、その時間の性格を纏う。

そこで可能な限りその場に足を運ぶことが大事になってくる。一見すると、オンラインで多くのものがこと足りるように見える時代だからこそ、より一層フィジカルなつながりを意識することが大事になると思う。

人と人のコミュニケーションにおいても、まったく同じことが言える

ベルギーで設計した自然公園「Entrance Pavilion in Palingbeek」（設計：Schenk Hattori 二〇二〇年）エントランスゲート施工中の様子

はずだ。僕とスティーブンの場合でも、僕がまだベルギーに住んでいた頃は、いつでも膝を突き合わせて議論ができる状態で働いていた。プロジェクトで、あるいはお互いの日常で何か引っ掛かることがあれば、どんな些細なことでも「ちょっと一杯行こうか」の一言で簡単に状況の共有ができた。たわいもない会話が、プロジェクトのブレイクスルーにつながったり、お互いの近況の共有に役立ったりしていた。

オンラインのコミュニケーションでは、プロジェクトの話は進められるが、互いの空気感が掴みづらいため、どうしても無駄な話は省きがちになってしまう。多拠点で働くうえで最も必要とされることは、オンラインで横着せずに、積極的に拠点間を行き来して、その場所・その時間の空気を吸う、フットワークの軽さかもしれない。

［Q7 資格や金銭面での注意点］

資格や金銭面のことは、状況やその人次第なのであまりよくわからないが、一番大事なのは、結局のところ人のつながりだと思う。慣れない土地、ときには基本的なルールさえも異なる海外の国で過ごす場合、自分一人ではどうにもならない状況は必ず起こる。

そういった状況の際には、親身になってくれる人や助けてくれる仲間がいることはとても重要である。ただし打算的に人と付き合っていても当たり前に見透かされるので、普段から周囲の友人たちと誠実に付き合い、信頼関係を築いていくことが大事だと思う。

［Q8 メリットとデメリット］

僕らの建築において、敷地の形状や気候、その地の風土や施工技術といったコンテクストは非常に重要な意味をもつ。プロジェクトごとにコンテクストを注意深く観察し、多層に折り重なる与条件に向き合い、扱うべきテーマを見定める。当然、コンテクストが変われば、プロジェクトへのアプローチも変わる。

日本とベルギー、二つの異なる国で建築に携わることは、扱うべきコンテクストに多様性がもたらされることを意味する。それによって思考の回路が強制的に切り替えられるため、結果として建築のアイデアに幅が生まれているように思う。与えられる環境が変われば生き物の在り方が変わるように、建築の考え方も自発的に生み出せる幅には限界があるけれど、コンテクストが変われば自分では思いもしなかったようなアイデアが生まれる瞬間がある。

もう一つ、ベルギーのみならず、ヨーロッパ各国に建築家の友人がいることのメリットとしては、互いの国・地域の建築の動向を共有できる点が挙げられる。

その他の分野同様、建築においても当然その時々のトレンドはあって、たとえば日本の建築シーンにおいては、近年ようやく環境への配慮ということが頻繁に話題に挙げられるようになったが、やはりヨーロッパ諸国の真剣度合いと比べると、その温度差はまだまだ非常に大きい。

将来的には、できるだけ色々な国で建築に携わってみたいと思っているので、そういった海外の動向を常に共有できる仲間が身近にいることはとてもありがたく感じている。

【Q9 今後の展望】

前述のように、ベルギー事務所と日本事務所とのやり取りは年々減りつつある。コロナ禍によりお互いの行き来が難しくなった以上、必然の流れであるし、それぞれの事務所の体制が整いつつあるのも事実なので、特に元の状態に戻す必要は感じていない。今後のあり得べき協働の姿としては、互いにそれぞれの事務所をもちつつ、Schenk Hattoriは互いの建築思想を共有するプラットフォームのようなかたちで残していくのがよいのではないかと話をしている。

これまでに二人で交わした膨大な議論のうえに、今それぞれが自分の興味を発展させて実践を行なっている。共有する価値観と、それぞれ独自の価値観が混ざり合った状態で互いに作品に向き合っているため、それを相互に批評し合える場はもち続けたいと思っている。今後はSchenk Hattoriがそのためのプラットフォームとして機能していけばよいと考えている。

クール——東京

自然の密度を変えて環境を顕在化させる

杉山幸一郎

atelier tsu

《気候の面から》

僕が住んでいるスイスは国の大きさが九州七県と同じくらい、人口はその七〇%弱なので少し広々としています。夏は日差しが強く気温も高いものの、乾燥しているので日陰に入れば比較的過ごしやすく、そんな気候だから多くの住宅には冷房がありません（僕たちのオフィスにも冷房はありません）。朝早くに窓を全開してフレッシュな空気を取り込んで、日中は外付けの日除けスクリーンを降ろせば一日を通して快適に過ごせます。

自宅のあるクール市の場合、冬はマイナス一〇度弱まで気温が下がり、必然的に建物の造りに違いが出てきます。断熱材は分厚くて、壁は建築の内部と外部を緩やかに仕切るというよりも、きっちりと分け隔てることが基本的な性能として求められます。そこにスイスと日本の建築空間の最も大きな違いが出ています。

日本のほとんどの地域において成立する、建築の芯のようなものがあるとすれば、それは「内外の境界を建築的に提案できる」ということだと思います。スイスでバッファーゾーン、つまり半屋外空間をつくることの意味は、日本のそれとは圧倒的に違います。

仮にウィンターガーデンのような半屋外空間があったとしても、それは半屋外と外部空間との境を弱めているだけであって、内と外との境界自体を弱めているわけではないのです。断熱/暖房なしの半屋外空間と、断熱/暖房ありの屋内空間との差は、雪の降り積もるほど寒い冬を想定すると、なくすことのできない境界になります。スイスの気候においては、そこにガッチリとした壁や十分な気密、断熱性のあるトリプルガラスが必要で、建物はいくらガラス面が多く視線が抜けていたとしても、そのまわりに物理的にあるしっかりとしたつくりの窓枠と壁によって、身体的、感覚的には透明性に欠けるものとなってしまいがちです。

《内と外の関係》

内外のテーマに関連することとして、ファサード面積があります。エネルギーロスをできるだけ抑えるためには、建物の表面積をできるだけ小さくして、外部との接触面を少なくすることが有効です。特に公共建築ではコスト面からも、建物の延床面積だけでなく、地下のヴォリュームや、ファサード面積をできるだけコンパクトに抑えることが求められます。そうした結果生まれるシンプルな矩形の建物を「スイスボックス」と名づけるのも、何だか腑に落ちる気がしますよね。今、僕たちがスイスで計画をしているプロジェクトも、できるだけ綺麗な矩形になるように、コンパクトな計画とすることが第一の目標でした。

日本では気候もあいまって、できるだけ建物と庭、外部との接点を広げるようなつくりをしてきたように思います。それは伝統建築の雁行配置やペリメーター沿いにある縁側、頻繁な開け閉めを前提とした全面的な引き戸に見られます。「これってスイスとはまったく逆のアプローチだな」と気づかれたかと思います。

冬になると街には、羽毛がたっぷり入った、もこもこしたふとんのようなジャケットを着ている人を多く見かけます。でもその下に着ているのはTシャツ(笑)。何か衣服の断熱性能が一〇〇から〇になった感じですね。日本は、建築の内と外の関係が示しているような、内から外へいくつものレイヤーがある重ね着の文化です。それは、建物内ががっちりと、きちんと断熱されていないことも関係しています。ここでも、気候の違いによって建築や服装の考え方がまったく違うことがわかります。

《自然のスケール》

とりわけ僕の住んでいるグラウビュンデン州は、まわりをアルプスに囲まれています。

谷に沿って川が流れ、その隣に線路や道路が並行して走り、周辺に少しずつまとまりのあった集落ができ、村そして街が線上に膨らみをもって形成されてきました。

あたりを見回すと水平線はなく、山の裾野の先には崖が迫ってきています。なだらかに隆起した里山ではなく、急にそびえ立つ岩山です。そんな自然の力強さを目の当たりにすると、そもそも自然を上手くコントロールしようとする姿勢自体が間違っているようにも思え、人はそのスケールにただ圧倒されてしまいます。

そこに建つ建築は、重い。内と外を隔てる壁と断熱の話を抜きにしても、素材自体に強さがあり、厚みがあって建築の質量が日本のそれとは違います。木造と石造という素材自体の違いだけではない、同じ木造の住宅でも、使う材の寸法や仕上げ材の厚みの大きさとその存在感が違う。内外装にしても、厚くて素朴な材が集まって壁の仕上げになっているような感じなのです。日本でいうところの新建材のようなものは、ほとんど見かけません。

ある意味で自然のスケールや気候環境に対して、尊敬しながらも、その脅威から自分たちを守る姿勢を体現してきたスイスの建築、生活文化を

設計中の「グラウビュンデン州立防災トレーニングセンター」。建物の芯であるアトリウム。光を拡散し、換気をし、そして人の集まる場所

見ていくと、能動的に自然との関係を構築してきた日本の建築、生活文化との違いが見えてきた気がします。

《自然と建築の関わり方》

地元クール市の隣にある自治体に州立の防災トレーニングセンターを設計しています。谷の間に流れるライン川の支流のすぐ傍の敷地では、秋から冬に掛けての時期には山の陰になって直射日光が当たりません。そこで、建物の真ん中を横断するように階段状のアトリウムを設け、冬は天空光をできるだけ階下に運ぶように、そして夏は谷間から吹く風が川によって冷やされ、建物の中を通り抜けるような構成を考えました。

つまりこのプロジェクトでアトリウムは、光を拡散させ、また建物が呼吸する場所。それぞれの

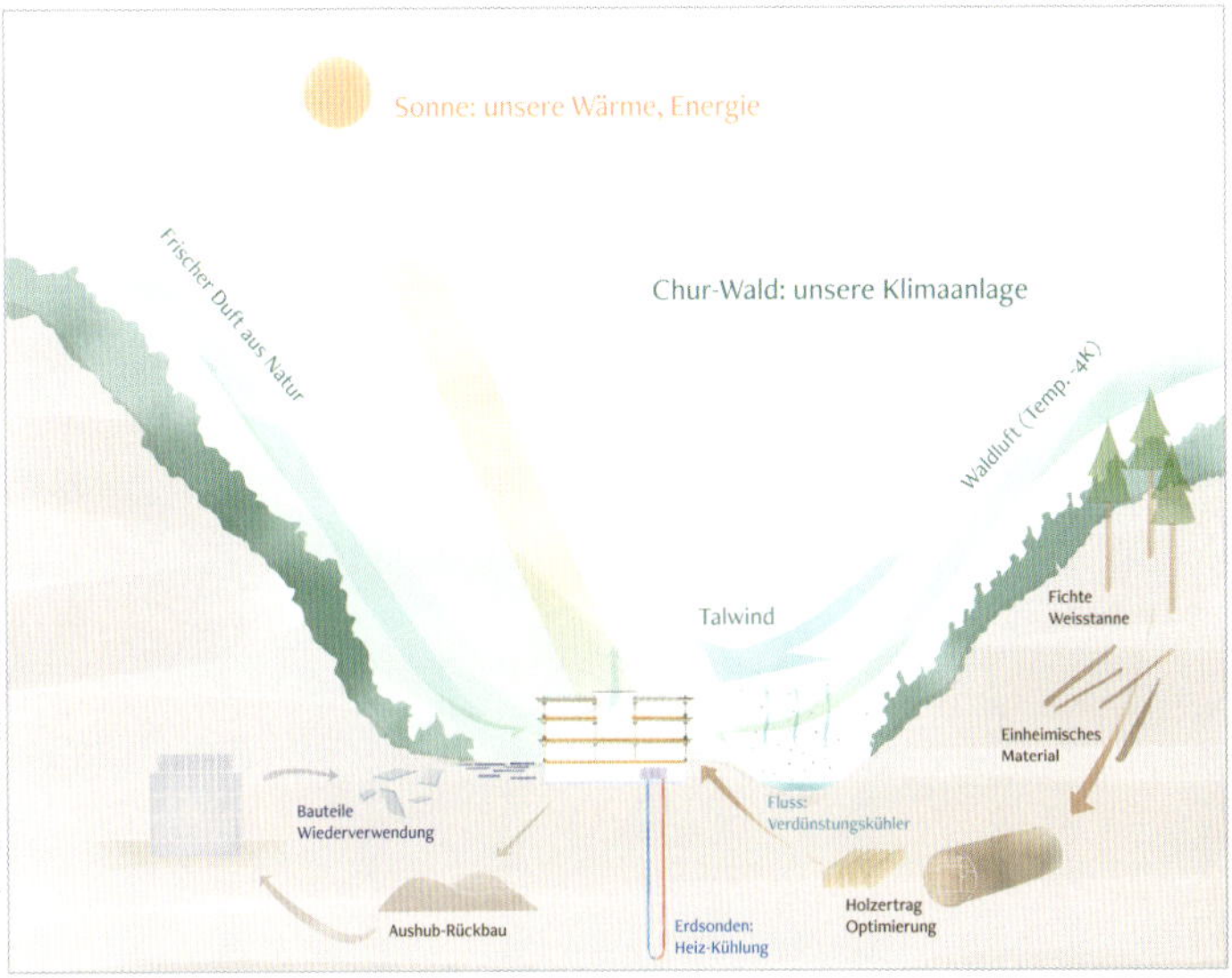

建築とは地球上の一点にある自然の密度を少し変え、環境を顕在化させることなのだろうと思う

部屋にもこの空間を介してアクセスするので、機能的にも建物の中心となっています。外部空間のような大らかなスケールをもって自然を取り込む場所。

構造は梁がｘｙ方向に上下重なり合うようにして架けられて、柱は梁の交点に結び目のように取り付けられます。梁と床は建物の内部から外部へ突き抜け、建物のまわりに少しだけ庇のある場所をつくります。地元の山でよく見かけるスプルースの木で、木造建築をつくる。建築とはそもそも、地球上のある点で、そこで手に入るものを使ってつくられてきました。言い替えれば、自然環境の密度を人工的に少しだけ編集することでつくられたもの。自然と建築は元々一つのものだと考えるべきなのです。

杉山幸一郎に尋ねる

―

クールと東京で設計事務所を運営するためのQ&A

杉山幸一郎：一九八四年静岡県生まれ。二〇〇七年日本大学理工学部建築学科卒業。二〇一二年東京藝術大学大学院芸術研究科修了。在学中スイス連邦工科大学チューリッヒ校留学。二〇一四年アトリエピーターズントーにて研修、二〇一五〜二一年同アトリエ勤務。二〇二一年 atelier tsu 共同設立。

【*Q1* 活動内容】

スイス(クール)と日本(東京)を拠点にateliertsuという設計事務所を土屋紘奈と共同で主宰している。クール市はチューリッヒから電車で一時間半くらい離れたグラウビュンデン州の州都である。まわりにはアルプスの少女ハイジの原風景となった地域があり、アニメに出てきた風景を思い浮かべてくれればと思う。

現在進行しているプロジェクトには、「スイスの」グラウビュンデン州立防災トレーニングセンター」(二〇二七年竣工予定)と、日本に美容室兼住宅(二〇二五年竣工予定)がある。その他には家具、オブジェクトやドローイングなどを制作し、ギャラリーで展示している。そうした制作では展示のために何かをつくるというよりは、どちらかというと、今考えている建築で探っているテーマを別の方法でアウトプットしている。つまり思考の途中段階のものを抽象化して取り出したものに近い。また定期的にエッセイを書いたり、時々頼まれてレクチャーをしている。文章を書き、考えていることに言葉を与えることで理解が深まることが多いので、時間が掛かって上手い言い回しがすぐに見つからないことがあっても、書くことや誰かに話すことは自分のなかでとても大切である。

週二日はチューリッヒの大学(ETH Zürich)で一年生の設計スタジオを受けもち、毎学期二五名程度の学生を教えている。一学期に一つの課題と、それに関連したいくつかのサブ課題がある。一学期目はアトリエハウス(仕事場と住宅)だが、一年生とは思えない密度で最終成果物を出してくるので、引き続く学期や修士課程では何を学ぶんだろうと、その可能性を不思議に思うこともある。学生とのディスカッションを通してインスピレーションをもらっている。

［Q2 活動のきっかけ］

学生時代にETH Zürichに留学、その後チューリッヒの事務所でインターンをして、スイスの自然と文化、建築と豊かな暮らしぶりに興味をもった。一つの国に公用語が四つあり、大きな谷を越えると言葉も見えてくる街並みの色もガラッと変わってしまう、その不思議な地理的状況にも魅せられた。大学の教授はドイツ語で話し、それを助手の方が英語に訳して教えてくれたのだが、言葉がわからないなりにも、どこか話されているニュアンスが違うという違和感があり、もっと正確に知りたいという思いから、留学中からドイツ語の勉強を始めた。建築雑誌の文章なども読めてくると、理解の速度と深さが全然違うことに気づき、それをモチベーションに学び続けることができた。

今住んでいるクールにやってきたのは、隣村を拠点にしている建築家ピーター・ズントーの元で働くためだった。退所後もそのまま住み続けて自身の事務所拠点にしている。気づけばもう一〇年になる。多くの自然に取り囲まれたこの場所で生活することは、長らく大都市に住んできた僕たちにとって新鮮な経験であり、また物事に深く集中できる環境を与えてくれていると感じている。

［Q3 事務所開設までのプロセス］

ズントー事務所を退所後は、大学の仕事に就いて生活の基盤をつくりながら、地元クールの知り合いに声を掛けたり、オープンコンペに参加していた。日本の建築学会にあたるところのSIA（スイスエンジニア建築家協会）が行なっていたメンタープログラムに参加して、知り合ったメンターと定期的に意見交換し、事務所開設までの準備や、若い事務所の経営・営業の仕方などの相談に乗ってもらった。会社の形態としてはプロジェクトのリスクを考慮して有限

会社とした。

共同主宰者である土屋紘奈とは、東京の中山英之さんの事務所で知り合い、彼女もスイスの事務所(Angela Deuber Architects)で経験を積んだ後に、共に独立した。事務所を登記したのは二〇二二年、資金は自前。オフィスは同年代の建築事務所と一〇〇平米程度のスペースをシェアしている。

プラットフォームを通したクライアントとのマッチングもいくつかオファーを出したが、興味をもってくれる方は現れるものの、経験の少ない外国人建築家である僕たちに仕事を頼む人は出てこない。この方法では文化習慣に精通している地元建築家に太刀打ちできないと実感した。後々、個人からも声が掛かるようになればと思っているが、今はオープンコンペを通した公共建築に焦点を絞っている。

【Q4 事務所運営】

スイスの若手事務所では、プロジェクトごとに事務所を超えたチーム編成をして臨むことがよくある。僕たちの事務所はまだ二人だが、現在進行しているプロジェクトは同僚二人(bersa, Tao Architects Office)と共にオープンコンペに勝って、そのチームでプロジェクトを進めている。それは、それぞれが他のプロジェクトも進められる〝集まり〟のようなチーム編成だ。フェーズによって仕事量の波がある大きなプロジェクトでは、複数のスタッフを抱えることなく、ここぞというときにマンパワーを導入できる利点がある。

チーム内では、プロジェクトもコンペも役割を流動的に交換しながら進めているが、それぞれ取り掛かっている設計のスケジュールを管理する担当は決めていて、その人が責任をもってミーティングを設定し、まわりから意見を取り込んで期日までに仕上げる。民主的な進め方で時間が掛かるので効率は悪いかもしれな

事務所の風景。手前に模型やサンプル、奥にデスクがある

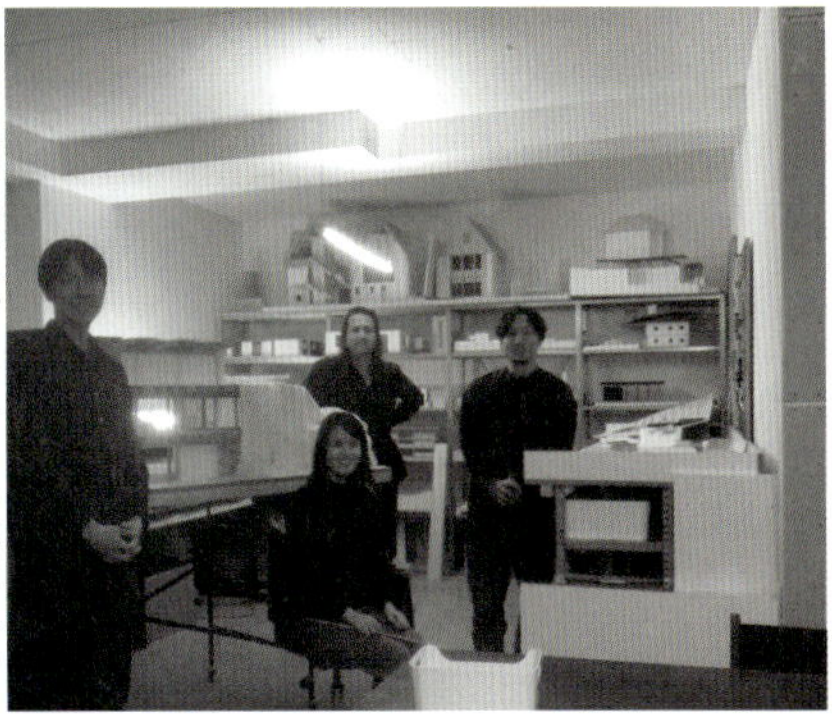

三つの共同事務所でプロジェクトを進めている

いが、決定は全員が納得するまでしない。だからこそ、方向性が決まったときには、一斉にガーッと進めることができる。

　スイスの生活スタイルとして、仕事もプライベートも充実させることが第一なので、労働環境は良いと思う。以前事務所に勤務していたときには、一日に割り当てられた八・五時間のなかで仕事を終わらせることが難しく、残業は推奨されていなかったので、仕事前にしっかりと段取りを決めてから一日をスタートしない限り量と質を保てないと、とても苦労したのを覚えている。ただし、自分で事務所を始めると慣れないことが多く、どうしても労働時間が増えていってしまう。

設計料に関して言えば、一般的には総工費から逆算する方法と実際に働いた時間で算出する方法があり、大きな契約では前者を、小さな設計変更などは後者の方法で報酬を決めている。スイスでは物価が高く、給与も相場が高いので、多くの人を雇う段階になった際には、どう事務所を経済的に安定させることができるのかが、日本のそれよりも難しい点だと思う。

［Q5 不在にする場所への対応］

それぞれが時間の空いたときに確認し考えることができるように、設計でテーマ（たとえば変更すべき点や代替案のバリエーション）を見つけたら、アイデアを簡単な説明と共にPDFにまとめてメールしておく。そして次のミーティングまでに各自が目を通し、改善点などがあれば準備しておくというかたちで進めることが多い。

日本のプロジェクトは福岡の設計事務所と協働している。まだ現場は始まっていないので、やり取りはZoomやメールでできているが、プロジェクトを紹介する展覧会があった際には、コストの面からもスイスから搬出入できる大きさの制限があり、上手くやり繰りするには難しいところがあった。

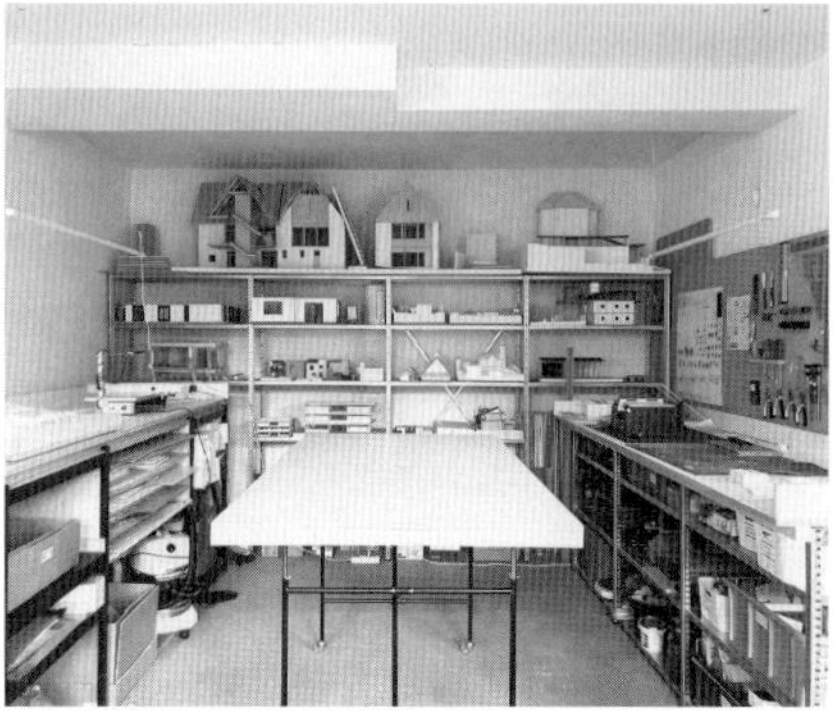

事務所の一角にある模型工房スペース。模型でのスタディは最も大切なプロセスの一つだ

協働事務所には確認申請などの手続きや実施図面の作図作業は任せ、僕たちの意図を共有したうえで修正メモを加えながら進めている。こういうふうに進めていこう、と初めから決めていたわけではなく、お互いに四苦八苦しながらこのやり方に落ち着いた。クライアントや工務店とのやり取りはオンラインで進めているが、現場が始まればできる限り足を運ぶつもりだ。

コロナ禍を通してオンラインミーティングに慣れてきたので、時差はあるもののスイスと日本のコミュニケーションはしやすくなったが、まだまだ対面でのコミュニケーションには敵わないと感じている。特に場所の空気感、光の具合、素材の質感といった、視覚と聴覚だけでは知覚することのできない部分で難しさがある。時差も気にしないでよいメールでのやり取りを好んでいるが、長い文章や書類を送って共有しやすい分、文章がだらだらと長くなりがちなため、きちんとポイントをつくってコミュニケーションするように特に気をつけている。

【Q6 働き方の工夫】

週二日でチューリッヒの大学に教えに行くので、異なる場所で作業することが多く、ラップトップやiPadは欠かせない。PreviewやPDF Expertで書類を開いて簡単な修正やコメント、スケッチをしていく。図面を引くなどの作業は事務所で行い、外に出ているときにはどちらかというとアウトプット作業ではなく、インプットをどうアウトプットに還元できるかを考え、メモやスケッチをしながらドラフトをつくることが多い。プレゼンテーションが必要のないときでも、Indesignでスライドをつくることが多い。それは、誰かに共有しようとすると、物事を順序立てて考えることができるので、そのプロセスが自分自身の頭のなかの整理につながることが多いからだ。

最終的なアウトプットはデジタルだが、プロセスはアナログで行うことを重要視している。たとえばBIMで作業していても、並行してできるだけ大きな模型で細部を確認してスタディするなど。最終的な成果物は現実世界に建つものなので、できるだけ早い設計段階からアイデアを画面のなかから現実世界に取り出すように気をつけている。実際、画面でいくら寸法や3Dで確認しても、実際の模型で見ると全然印象が変わって見えることが多く、自分たちでもなぜだろうと思う発見がいつもある。感覚的な話になると、物理的なものからの情報量が圧倒的に多い。

［Q7 資格や金銭面での注意点］

スイスでは日本でいうところの一級建築士の資格試験などはない。そうした資格がなくとも確認申請などは可能だ。資格がない代わりに、SIAやBSAといった建築関係の協会に属したり、建築を学んだ大学名の略

大きな模型（縮尺一：二〇）で空間を確認しながら設計修正していく

称を事務所名や個人名の後ろにタイトルとして記すことが多い。たとえばKoichiro Sugiyama SIAといった具合だ。建築を学んだ大学や所属先が氏名の後ろに付くなど、スイスは意外と学歴社会なのかもしれない。

［Q8 メリットとデメリット］

二つ拠点がある、そしてどちらの国でも一〇年以上建築に携わってきたおかげで、文化や気候などの条件を超えたものは何だろうと、今まで意識して考えることができたと思う。建築を考えるうえでの芯のようなものだ。それぞれの拠点の文化や仕事の仕方を知るだけでなく、仕事ができるレベルまで理解していくことにはかなりの時間を費やした。いつも頭のなかで、僕は同世代の建築家よりも一〇年遅れているなぁと感じている。事務所もまだ、ようやく軌道に乗り掛けてきたというところだ。

スイスに拠点を置いているメリットとして考えられるのは、圧倒的に日本人建築事務所の分母が少ないことだろうか。まだメリットを享受できていないのが残念だが、近い将来、それを感じるときがやってくると思っている。

［Q9 今後の展望］

日本人にスイスの文化を、スイス人に日本の文化を曲がりなりにも説明できるくらいになってきた。その理解を、制作のアウトプットを通して双方へ還元していくことが大きな目標だ。それぞれの文化、建築、生活スタイルの良いところは数え切れず、双方の国でも応用できることがたくさんあるから。

建築体験によって、物事の捉え方が変わったり、生きていくうえでの考え方が塗り替えられたりすることがある。そんな経験をさせてくれるような建築をつくっていきたいといつも思っている。良い建築は新しい視座を与えてくれる。それに出会うことの喜びは皆さんも経験したことがあるのではないだろうか？

スイスと日本、それぞれの拠点でまだ何か大きなことを成し遂げていないので、今後数年でそれぞれの拠点を大きくしていくこと。それが目下の目標だ。

コペンハーゲン

土地の特異性をつかみ、異邦人ならではの視点をもつ

金田泰裕
yasuhirokaneda
STRUCTURE

建築の設計は、コスト・時間・材料・技術という制約・リミットのなかで、実現というゴールを目指すゲームである。同時にその土地の特異性や設計作法を掴み、そのうえで、ローカルな人にはない視点をもちながら、文脈から反れすぎない建築を提案することが最も重要である。

《「チャウドックの家」でのエンジニアリング》
ベトナムのプロジェクト「チャウドックの家」
（西澤俊理建築設計事務所と協働）では、船上生活から杭上生活、また堤防工事により洪水が起こらない環境を人工的につくった後に新築をつくるための構法や構造の在り方について、リサーチ・考察・提案をした。そもそも地面に足を付けた「建物」より前に「船」での生活がある。陸上で生活する人々との交流や物流の関係で、陸付近に停泊していた船が、季節によって変わる水位に影響されないよう杭の上に乗せられて、陸とのレベル差を一定に保つ。さらに何年かに一度くる大洪水の際には「船」に戻って、水上生活が難なく再開できる。そのような、我々には想像もつかないかたちでの「建築」や「住宅」の在り方がそこにはある。技術や組み立て方で言えば、船をつくる前提で発達した仕口・継手がそのまま、周辺の陸上の「住宅」にも応用されている。こういった観察は、単純に「杭っぽい」もののうえに「船っぽい」形の住宅が「載っているような」雰囲気だけを再現する、いわばローカルのダミーをつくるような行為とは違うレベルでの考察が必要である。それに失敗すると嘘くさい建築になってしまうからである（この考察については日本建築学会の月刊ウェブマガジン『建築討論』二〇二〇年一月に掲載）。

私が捉える建築の「構造」とは、エンジニアリング以前の、ものの在り方・成り立ちの根底にあるものを「批評的な態度」をもって、様々なレイヤーで分析・整理・解釈によって抽象的なレベルで言語化を行い、プロジェクトの骨格を明解にし、さらにいくつかあるアウトプットのうちの一つとしてエンジニアリング（一般的な意味での構造設計）した結果であると考えている。その作業すべてをyasuhirokaneda STRUCTUREでは扱っている。

《「H Apartment」のアドホックな設計プロセスによる構造システム》

現在進行形のタイの集合住宅「H Apartment」（Bangkok Tokyo architectureと協働）で提案したアドホックな設計プロセスは、まさにタイの空港から建設途中の住宅、名作といわれるタイの建築家に

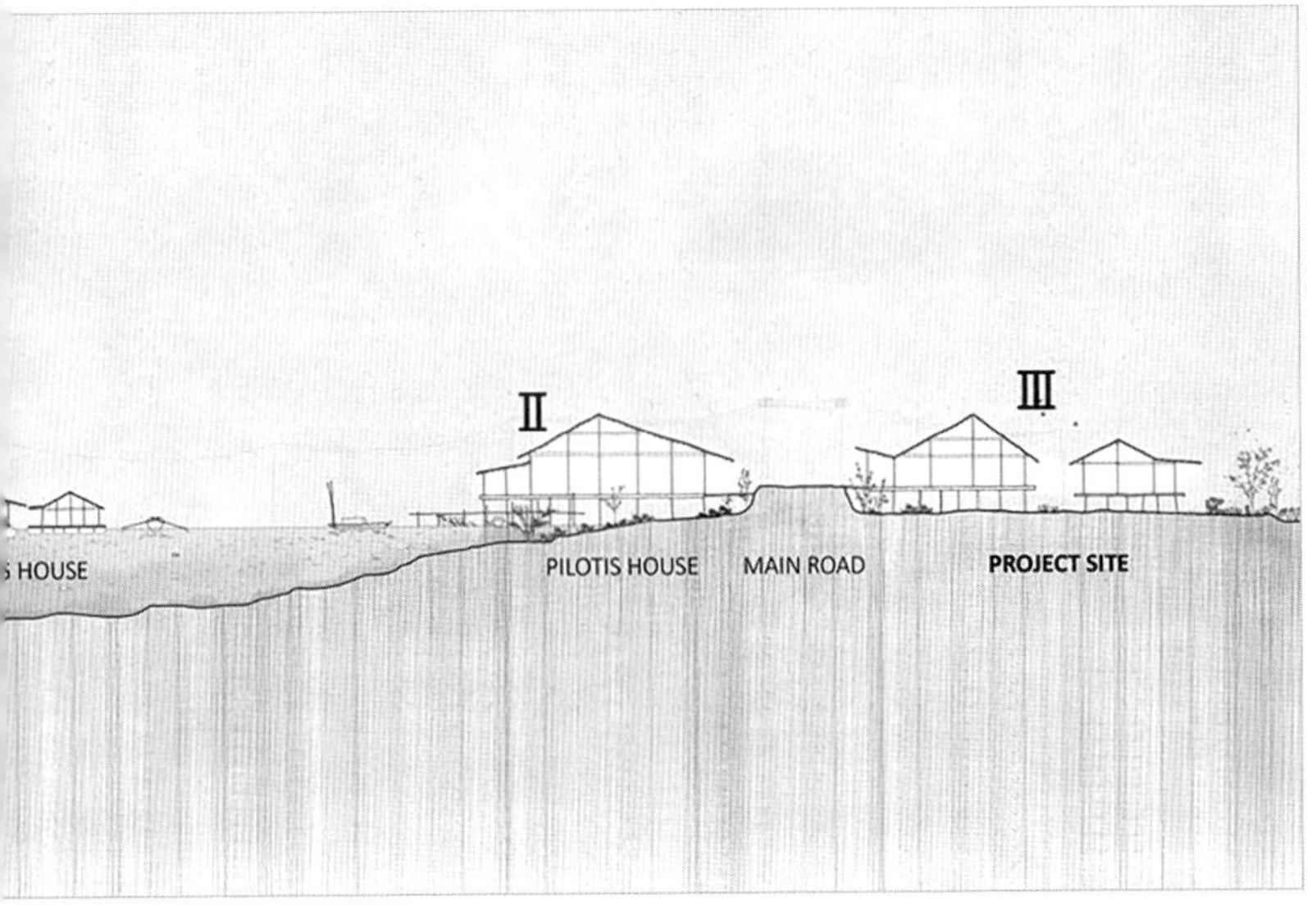

「チャウドックの家」（設計：NISHIZAWA ARCHITECTS　構造：yasuhiro kaneda STRUCTURE　二〇一七年）

よる建築を私なりに読み解き、そこに共通する「場当たり性」こそがタイのものづくりのなかにある本質であると解いた。材料や建築ボキャブラリーを単純に参照しただけで、「ローカライズ」されているという直接的・表層的なアプローチではなく、その在り方にいきつくための根本的な動機・国民性が何からきているのかということと真摯に向き合った結果、出てきた解答である。たとえば、ドイツ人や日本人の典型とされる几帳面さ、構成的で整理された空間、規律や丁寧な施工などは、その根底に歴史・文化・社会的背景に基づいてつくり上げられた国民性があり、そこから生まれてくる建築の性格は何なのかということをまず考えていく。

それらを尊重して建築を設計していくことは、その地域の材料を単純に使用するだけ（たとえば

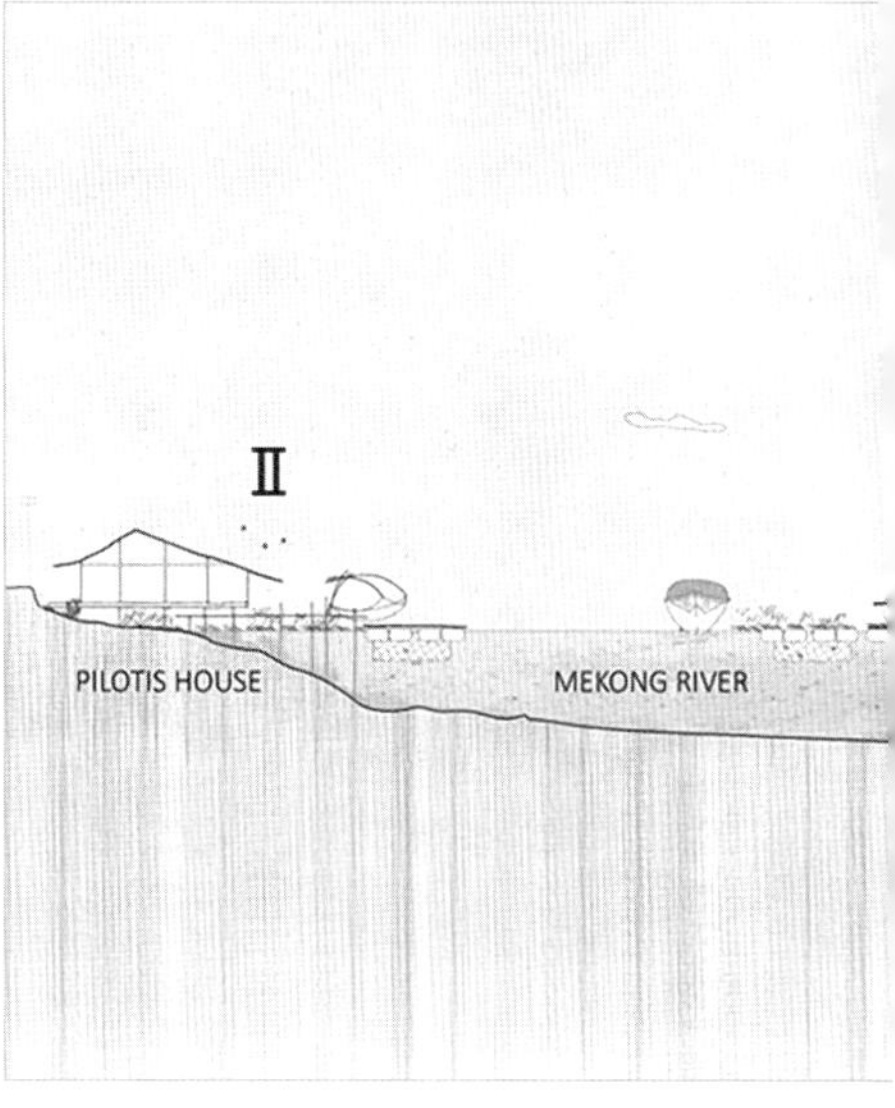

「H Apartment」（設計：Bangkok Tokyo Architecture 構造：yasuhirokaneda STRUCTURE）模型写真。基準階システムをもたせず、各階のプランニングを優先している。その皺寄せは構造補強としてポジティブに現れてくる

中国＝竹）で、「ローカライズ」と呼ぶこととは違い、本質を捉えようとする態度であり、その国で設計するうえでの「作法」とも呼べるものを自分たちで定義することである。気候・風土からくる土着性はある程度は観察や記録から読み解くことができるが、そもそもそこに住む人々がなぜそのような生活様式と建築形式を継続しているのか、あるいは継続せずに古いものを捨てて、別の新しいものをすぐに取り入れるのか、さらにはそのようなマインドがどうして備わったのかなども含めて捉えていく必要がある。

《「K11 MUSEA」のエスカレーターの構造》

香港に拠点を置くLAAB Architectsと協働したいくつかのプロジェクトでは、中国の深圳の職人や工場を使って、構造体を製作した。鉄骨工事の

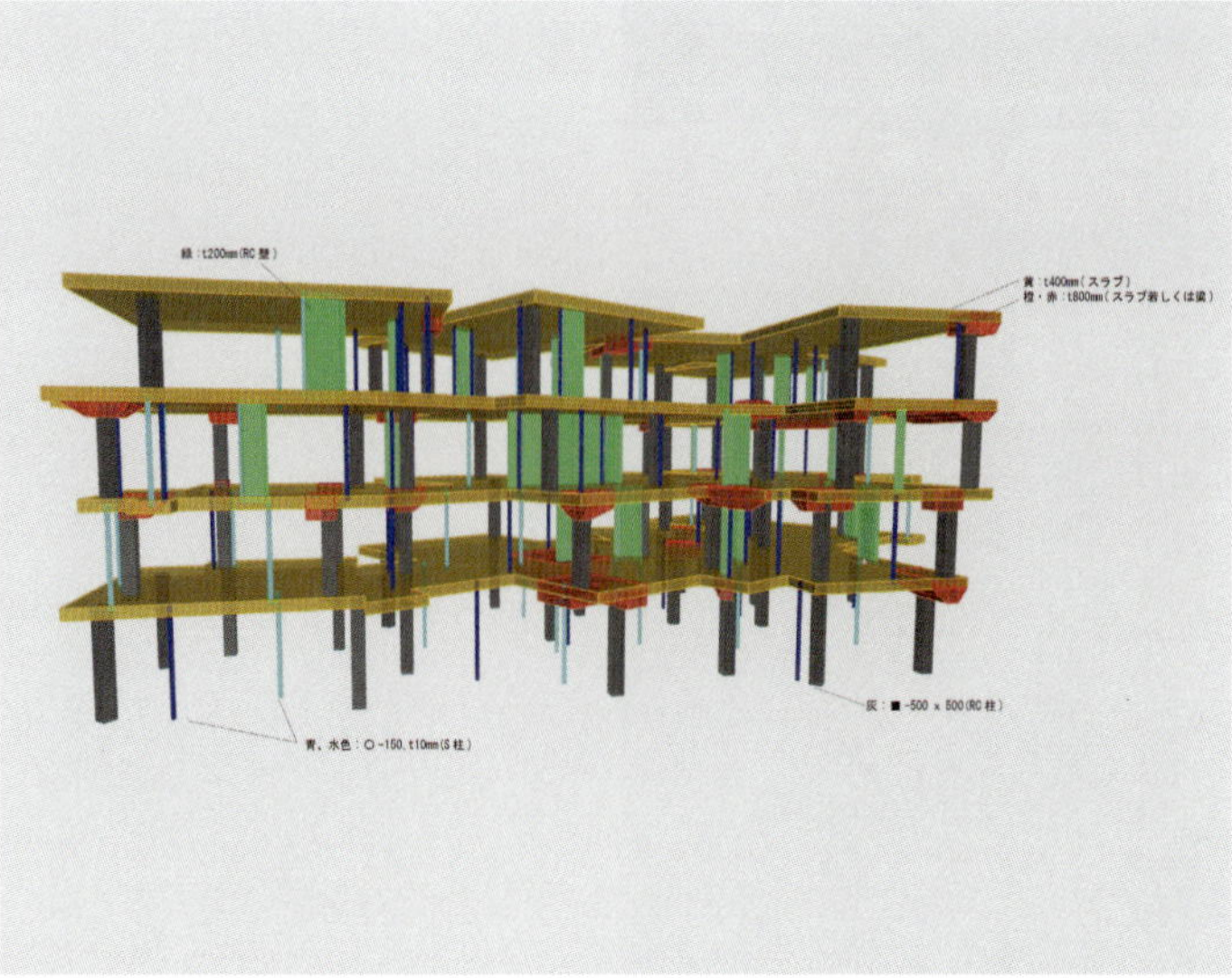

「H Apartment」構造アクソメ。構造計画を最初から立てずに、意匠上、機能上必要な状態を各階で設定し、そこから構造的に成立しないところを場あたり的に補強していくという方法を取った

場合、現場溶接はコストも掛かり、精度も出づらいという理由から一般的に施工会社から嫌がられるのが常識である。しかし中国ではそれが逆である。現場で調整がしやすく精度が出るようにボルト接合を提案すると、工場でボルト孔を開けても精度が悪く、現場でその孔同士が合わないので、結局現場で孔を開け直して無理やり留めてしまう。

そのため工場作業よりも、現場で切ったり削ったり、溶接して一体にしながら調整していくという方法が好まれるという、なかなか考えられない逆転現象が起こる。ある地域での常識は、別の場所では、むしろ非常識なこともある。ボルトがなくなり、鉄骨部材が溶接で一体化していくことは、純粋に建築や構造物が「一つのモノ」になっていく感覚であった。この中国での経験は、運搬の制約や「施工性」を理由に、分節がはっきりするこ

「K11 MUSEA」メインホールエスカレーター装飾（設計：LAAB Architects 構造：yasuhirokaneda STRUCTURE 二〇一九年）三つの支持点により支えられる構造体

とを受け入れてきた構造体ではなく、本当は実現したかった、憧れてきた姿を見たとすら思えた。様々な場所のローカリティと向き合うことは、同じ場所で設計しているだけでは見られない「オルタナティブ」に出会うことと同義である。そのユニークさに気づけるような態度が必要である。

《「Casa Hare Unahi Ika」での最小限の構造エレメント》

プロジェクトによっては、厳しい制約から構造システムが決定されていくものもある。たとえばチリ人建築家のマティアス・ゼガースと協働したイースター島での住宅プロジェクト「Casa Hare Unahi Ika」では、隣の有人島まで二〇〇〇キロ離れており、資材の制約により構造計画を考案する面白さがあった。新築はそこまで建たないうえに、

北京で目に留まったある構造物。すべて現場溶接で一体になっていて、ボルトが一本もない

構造材といえばＣＬＴが唯一、常時手に入る材料で、その他の必要資材はコンテナ一つに詰め込まれ数ヵ月掛けてチリ本土から送れる分のみということだった。そこでＣＬＴを使用しながら、現地では行われていない方法で構造体がつくれないかと考えた。そして水平荷重についてはタイバーと屋根二面でトラスを組み天井高のある特徴的な屋根とし、水平力抵抗は敷地内の砂利・赤土・少量のセメントを混ぜてつくった版築壁とＣＬＴ壁という、最小限の構造エレメントで構成した。構造を考えるうえで重要なのは、「合理性」「汎用性」「再現可能性」である。それは条件が変わったとしても、要素を置き換えだけで実現が可能な構造ともいえる。そういう意味では、構造材の制約のなかで生み出される構造システムのモデルケースとしては、非常に成功したプロジェクトであった。

「Casa Hare Unahi Ika」（設計：Matias Zegers Arquitectos 構造：yasuhiro kaneda STRUCTURE 二〇二〇年）。材料の制約のなかで提案した工法

金田泰裕に尋ねる

—

コペンハーゲンで構造設計事務所を運営するためのQ&A

金田泰裕：一九八四年神奈川県生まれ。二〇〇七年芝浦工業大学建築工学科卒業後、鈴木啓／ASA、二〇一二年渡仏しBollinger + Grohmann Paris。二〇一四年パリにyasuhirokaneda STRUCTURE設立、二〇一六年香港移転、二〇一九年コペンハーゲン移転。世界各地の建築家と協働する。

［*Q1* 活動内容］

金田泰裕が主宰するyasuhirokaneda STRUCTUREは、二〇一四年にパリを拠点に活動を開始した構造設計事務所である。二〇一六年から香港を拠点に、二〇一九年から現在はコペンハーゲンを拠点に活動をしている。韓国、中国、香港、台湾、タイ、ベトナム、シンガポール、フランス、イタリア、デンマーク、ノルウェー、ルーマニア、チリ、ルワンダなど、各国でプロジェクトが実現・進行中だ。竣工数は日本の物件と合わせて三〇〇件以上となり、一〇〇組以上の建築家と協働してきた。設計対象は新築、改修、パビリオン、彫刻、家具など、構造エンジニアリングが介入できるものであれば、すべてとなる。拠点以外の場所でのプロジェクトがほとんどで、協働する建築家も同様のため、基本的に一〇〇%リモートで設計している。

［*Q2* 活動のきっかけ］

五年間、東京の鈴木啓／ASAで構造設計の実務と現場監理を学んだ後、二〇一二年からパリの構造設計事務所Bollinger+Grohmannに二年間勤めた。そこではOMAやレンゾピアノのプロジェクトやヨーロッパ、アジアのプロジェクトに関わり、海外で構造設計をするメソッドのみならず、フランス語や英語での働き方、プロフェッショナルな構造エンジニアの振る舞い方など多くのことを学ぶことができた。

海外の構造エンジニアは、エンジニアリングスクールを出ており、建築の教育を受けていない人がほとんどだ。そのため建築家と構造エンジニアは同じ言語をもてず、思想を共有するのが困難であり、お互いフラストレーションをもちながら仕事をしている印象があった。一方で日本の「構造家」は、建築家と同じ教育を受けた後、その職に就くのが一般的で、建築家と構造家が同じ方向を見ながら協働していく文化がある。そこに海外で「構造家」的なスタンスで、建築の設計をしていくことの可能性を感じた。Bollinger+Grohmannに在籍中も、日本における自分の個人プロジェクトをいくつか遠隔で設計していたこともあり、生活する場所とプロジェクトが起こっている場所が一致しなくても成立するという実感があったため、住み心地の良いパリでそのまま独立した。パリでは改修の設計などいくつか手がけたが、スピード感のある仕事の進め方がヨーロッパではなかなか難しく、新築をバンバン手がけられる環境ではなかった。そうこうしているうちに、アジアからのプロジェクト依頼が増え、そのエネルギーとスピードに魅了されて香港に移住し、事務所を開設した。

その後、妻の仕事の関係と、二児の子育て・教育面でも香港の極端な英才教育よりも北欧の大らかな教育環境のほうが自分たちに合っているなどの理由からコペンハーゲン(デンマーク)に移住することにした。

ある日の職場「Riccos Sydhavenen」。人口密度の小さいコペンハーゲンのカフェは、席同士の隙間も大きく快適だ

必需品は、この小さなCASIOの電卓

［Q3 事務所開設までのプロセス］

海外かどうかは関係がないが、前提として、構造設計は建築家のように製品サンプルをストックしたり、模型を作成し、それを見ながらスタッフと議論するために、物理空間を共有する必要がない。各種基準書、過去の計算書、その他書類はすべてデータ化されているため、それなりに性能の良いノートパソコンが一台あれば、リモートでどこでも作業が可能だ。

二人の子どもの日常的なイベント（送り迎え、放課後の習い事、病院、歯医者、保護者会、夏・冬コンサート、理髪、プレイデート）に加え、買い物その他、平日に集約されたタスクをこなしていると、「事務所（拠点）に戻る」という行為が無駄でしかないと気づいた。

昨年まで事務所用を賃借りしていたのだが、解約し、毎日、その日のイベントに合わせて都合の良いカフェとレストランを転々としながら仕事をしている。

一般的には、構造エンジニアは「ハイスペックなデスクトップコンピュータと大きなディスプレイ二台で最高の作業環境をつくり作業効率を上げる」ものなのかもしれないが、その環境に慣れてしまうと、異なる作業環境でのストレスが大き過ぎてしまうため、デフォルトをミニマムにし「拠点をもたない」ことで、どこにいても作業効率にムラがなくなり、快適になった。

北欧はとにかく休みが多く、冬休み（二月）、イースターホリデー（四月）、夏休み（七、八月）、秋休み（一〇月）、クリスマス休暇（十二月）、その他に祝日連休などがあり、その都度、皆どこかに旅行に出る。自分は累積すると年間四分の一はワーケーションになり、デンマーク以外の国で仕事をしながら家族と時間を費やしている。

協働する建築家は、ほぼ一〇〇％が紹介である。

年始にあるデンマーク人建築家から「最近、二人の別々の知人に君をリコメンドされたので、一度話を聞きたい」と突然電話があった。事務所を訪ねると、二〇分ほど色々と質問された後、「じつは今、二〇二五年のヴェネツィア建築ビエンナーレのデンマーク館の展示設計と改修工事(二〇二六年開始)を手がけているので、是非、一緒にやりたい」と誘われた。またチリ人建築家といくつかのチリのプロジェクトを協働したが、最初に連絡があった際に言われたのが、「木造架構を綺麗に組んだ構造体にしたい。日本人の構造エンジニアと協働したら実現できるのではないかと思い、Googleで〝timber structure〟〝Japanese structural engineer〟と検索して、君のHPを見つけた」であった。

　英語で対応できる、または海外プロジェクトの経験豊富な日本の構造設計がいる事務所はARUP以外にはなかなかない。私たちには海外で事務所を構える日本人建築家や、日本拠点でも海外でプロジェクトを円滑に進めたいと考えている日本人建築家などの需要があると思っている。

[Q4 事務所運営]

　現在、四名いるスタッフは、それぞれ神奈川県、愛知県、京都府、福岡県に住んでいる。またバックオフィスの一人が千葉県に、現場監理や申請で協力してもらっているローカルエンジニアが埼玉県、茨城県、福岡県にそれぞれいる。

　日本にフィジカルな事務所はない。一〇〇％リモートで完結しており、現場からの距離によってプロジェクトの担当者を決めることも多い。時差も八時間(夏は七時間)あるため、Slackでの非同期コミュニケーションを基本に、適宜ZOOMで画面を見ながら問題共有と解決のための指示を出している。建築家とのコミュニケーションも、メールは激減し、ほとんどslackかmessengerグループでやり取りしている。デンマークにいるのは基本的に私だけだが、スタッフも研修というかたちで、数ヵ月コペンハーゲンに来ることもある。

　日本には、年に三、四回、一～二週間ずつ滞在して、現場や竣工物件を見に行ったり、スタッフや建築家と直接会って近況をキャッチアップするようにしている。

[Q5 日本との違い]

　構造エンジニアの作業の幅や成果

「Picadero Centro Ecuestre MSH」（設計：Matias Zegers Arquitectos　構造：yasuhirokaneda STRUCTURE　二〇二一年）

物に関して、各国・各建築家によって期待される内容が異なるため、事前に契約書や見積書に取り決めの詳細を明記し、確認する必要がある。工務店お抱えの構造エンジニアが構造設計の責任を取る場合やローカルエンジニアが付く場合には、ローカルエンジニアとの作業分担の確認、資格（サイン）が必要か、責任・保険はどこがもつのかなどの取り決めが重要である。

設計料の交渉についても、各国で異なるルールがありそうだ。

独立してすぐ、ある有名建築家事務所から中国の美術館の依頼があり、張り切って構造設計の見積書を作成して送った。自分としては少し多めに出したつもりだったが、相見積を取っていた中国の外資系大手構造事務所よりも一桁少ない金額だったそうだ。建築事務所の担当者からは「是非お願いしたかったけど、中国では自分を小さく見積もる奴は信用できないという考え方があるため、クライアントに却下された」と言われ、悔しい思いをした経験がある。

一方、南米やアフリカ大陸のプロジェクトでは、平均所得が低い分、構造エンジニアの設計料も小さくなる（円安で近年開きがだいぶ小さくなった印象だが…）。現地のエンジニアにはできない構造デザインコンセプトの提案と設計監修という、最低限の品質が最後まで保てるような体制にしてもらいつつ、こちらの作業量を減らすことで、帳尻を合わせるようにしている。

またヨーロッパでは、建築コストと同じく、構造エンジニアのフィーはとても高い印象がある。プロジェクト規模や契約内容にもよるが、成果物や打合せなどでしっかりとした業務が求められることも多く、関係者含め、それなりに緊張感がある。

yasuhirokaneda STRUCTUREでは、基本的にローカルエンジニアに協力してもらう体制で設計をしている。関わり方は国や建築家によって異なるが、私の事務所で作成した構造計算書・構造図(英語)をローカライズ(言語と現地の法規チェック)して確認申請を提出してもらうというものから、基本計画の構造情報のインプットを意匠図に組み込んでもらい、建設会社内部の構造エンジニアに構造図・計算書作成を継続してもらう

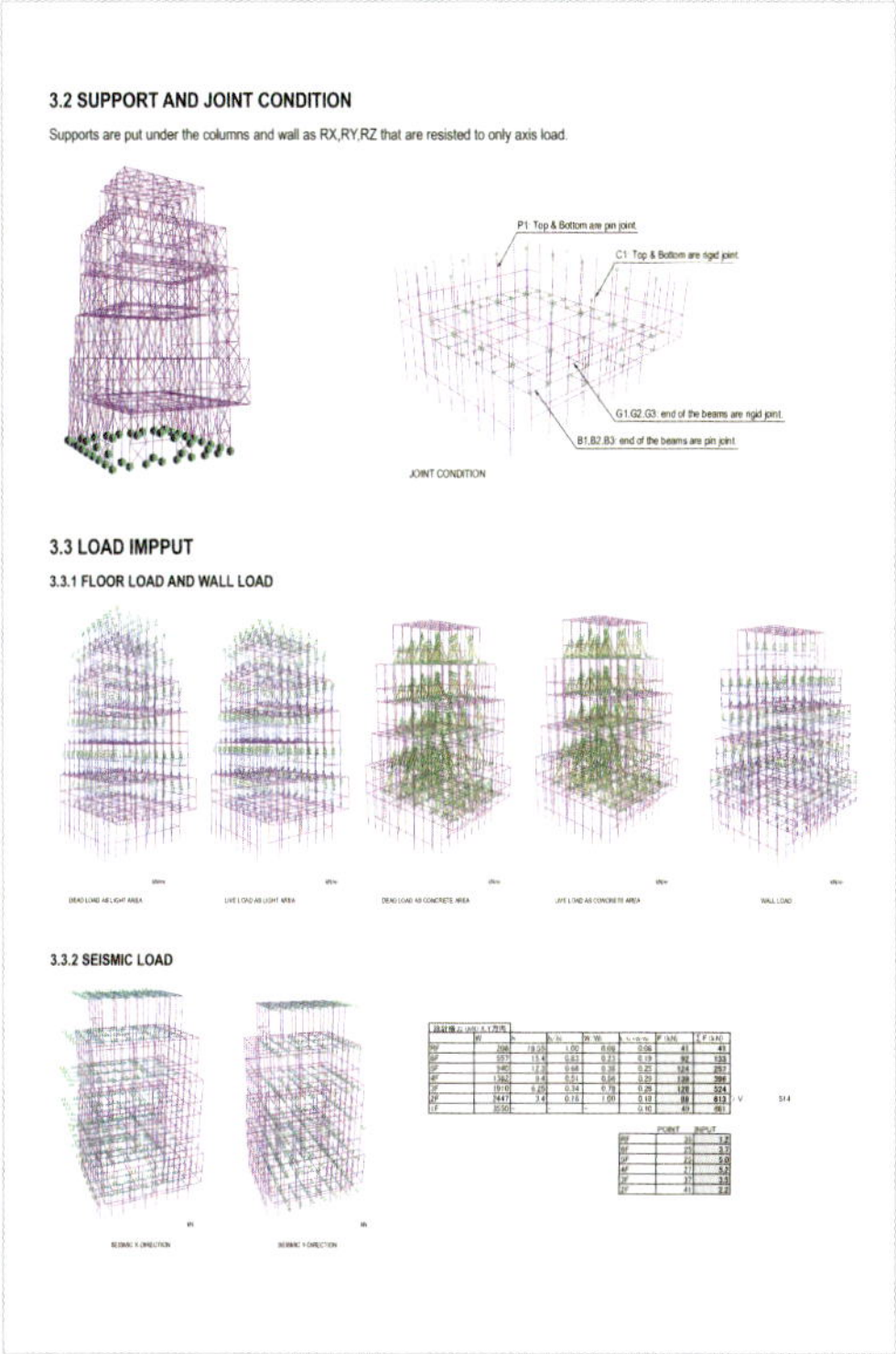

地震力・風圧力などの外力は、現地の法規により算定方法にならい、ローカルエンジニアに英語で提出し、ローカライズしてもらう

ファサードの構造設計をした2025大阪関西万博のフィリピンパビリオンCG

というものまで様々だ。プロジェクト初期段階に現地のエンジニアに材料強度、基準や外力、材料の制約などのヒアリングをしてスタートするようにしている。

構造計算の場合、基本的には力学と材料強度に則っているし、外力設定(地震力・風圧力・積載荷重・積雪荷重など)は、ユーロコードや中国の基準においても、地域係数や微妙な数字の違いはあるものの基本的には英米の基準がベースとなっているため、構造エンジニアリング言語は万国ほぼ共通の言語だと認識している。

そのため初期段階で材料の制約・基準や外力の確認さえできていれば、その部分で大きく食い違うことは少ない印象がある。それよりも構法や材料の使い方など、現地では一般的ではない方法を採用する際のコストマネジメント、工務店への説明などでつまずいてしまうことのほうが多い。そのため、現地の工法やそこでしかできない方法を客観的に分析し、それを改良・応用した提案をするほうが上手くいく。

苦労は色々とある。構造エンジニアと建築家の関係は様々で、期待される仕事内容も異なり、協働というよりも下請け業者な扱いをされることもあった。その国で慣習的に当たり前とされている構法や施工方法と私の提案が異なり過ぎて、混乱を招くこともある。日本の「アトリエ構造事務所」のように少人数で回している事務所は少ないため、初めて協働する建築家とは慎重にやり取りをする必要がある。

[Q6 資格や金銭面での注意点]

資格や申請関係は、それぞれローカルで協力してくれる人に依頼している。

逆に言うと、自分は、現地の人にはできない部分、建築家とのコミュニケーションで生まれるアイデアや、様々な国で設計しているがゆえに提案できる視点などで、貢献できるように心がけているし、そこが求められているのだとも感じている。

拠点がデンマークということもあり、元々物価が高いうえに円安が重なり、日本での所得割合が大きいため辛いところはあるが、自分の生活費くらいは外貨（ユーロかデンマーククローネ）で賄えるように頑張っている。

【Q7メリットとデメリット】

拠点をもたない、どこにも依存しないということのメリットは、固定観念が芽生えないことだと思う。

また一〇〇％リモートにすることで、打合せや現場へ行くための移動時間をゼロにできる。

たとえば東京に事務所がある場合の典型的なパターンとして、建築家の事務所に四五分掛けて行って、一時間で足りるはずの打合せを二時間ほど行って、次に食事でも行きますかと誘われ、さらに数時間…と平気で六時間くらいを一つの打合せに費やしてしまうことがある。物理的にどこでもないどこかにいることが前提になると、午前中に三件打合せ、午後二件打合せをして、四時には息子を迎えに行って、家に帰って夕飯をつくることが可能になる。

デメリットとしては、前提として、いつまでも外国人であるということは受け入れなければならないことかなと思う。現地のエンジニアと同等の信頼や、私との協働の有益さを得てもらうのは非常に大変なことだが、常にチャレンジングに楽しんでいる。

またプロジェクトが止まったり、キャンセルになったりすることが、比較にならないほど多く、なかなか実現しない。これればかりは頭を悩ませるが、辛抱強く付き合っていくしかないと思っている。

【Q8今後の展望】

海外で独立して一〇年、デンマークに住み始めて五年が経ち、ヨーロッパの生活にも完全に慣れた。今後は北ヨーロッパを中心にプロジェクトをもっと増やしていけるよう、コンペの参加や、新たな建築家との協働に向け動いている。

また日本のプロジェクト数も年々増え、大規模なものや、社会的にインパクトのある建築にも挑戦している。デンマーク事務所と共に自分も一回り大きく、成長していきたいと思っている。

コペンハーゲン——東京

歴史、
風土、
文化の条件の
徹底

森田美紀
小林 優
mok architects

日本にいるときから、ずっと美味しい食事と場所の関係について考えている。北欧に渡ってからも北欧料理が世界的なブームとなるなか、食事がおいしくなる空間とはどんな場所だろうと街中のレストランについて考え、その後、働き始めても、実際にホテルやレストランなどを設計していた。独立してすぐにコペンハーゲンの革新的なレストラン、nomaのためにホテルをつくるプロジェクトをプロポーザルとして設計し、直接持参した。そのときに大きく参考としたのが、その食文化の発展の推進力となったシェフたちの思想だった。

北欧の伝統の食事といえば肉と芋、決まり切った構成の古めかしいつまらないものだった。これまで発展の機会を逃し続けていた北欧の食文化をいかに発展させていくか、フランスなど世界で修行をしてきたシェフたちが真剣に考え、会議をした。その結果、以下のような条文、マニフェストが宣言されたのだ。

一 北欧に根ざした純粋さ、新鮮さ、シンプルさ、倫理観を表現する

二 食事に季節の移り変わりを反映する

三 北欧の気候、自然のなかで育まれた個性ある食材をベースに調理する

四 美味しさと、健康に生きるための現代の知恵を結び付ける

五 北欧の食材と多岐にわたる生産者を世界に紹介しその背景となっている文化・歴史を広める

六 動物を不要には苦しめない、海、農場、大地におけるヘルシーな生産を推進する

七 伝統的な北欧の食材の新しい活用の方法を発展させる

八 北欧の特有の調理法・食文化と世界からの

インスピレーションを上手く融合させる
九　自給自足されてきたローカルな食材を、高品質な地産品へと結び付ける
一〇　消費者代表、食に関わる職人、農家、漁師、食品工業、小売業、卸売り、研究者、教師、政治家、公共機関が皆で協力し、北欧諸国の皆に利益と強みをもたらすよう努力する

この宣言と条文を遵守したレストラン（たとえば北欧産の食材ではないレモンの代わりに蟻酸を酸味として使うなど）の活躍のおかげで、ピクルスや発酵などの伝統的な調理法、北欧にしか生えない野草などこれまで食材として見られていなかった自然からの贈り物を活用した北欧の新しい食文化は「ニュー・ノルディック・キュイジーヌ」として世界を舞台に花開き、新しい食文化を切り拓いた。

これは面白いイノベーションへのアプローチではないだろうか。地元の食材や伝統料理を使って新しいメニューを考案することは誰もがやってきたことではあるが、歴史、気候、環境など多くの条件でクリエーションの自由を縛りに縛り、自らのルーツを徹底的に省みた結果、発展と発明が生まれたのだ。

そしてデザインでも同じイノベーションをつくることができるのではないか。ここからやっとデザインの話になる。たとえば調理される食事はデザインされる建築に、食材は建材や素材に置き換えられる。建築も食事も、それが生み出される場所の気候、文化、風景を表現するもの、「ゲニウス・ロキ」を具現化するといった点で同じはずだ。

一　その土地に根ざした純粋さ、素直さ、シンプルさ、倫理観を表現すること

二 建築に季節の移り変わりを反映すること
三 敷地の気候、自然、そこで育まれた個性ある素材をベースにデザインすること
四 格好良さと、快適に生きるための現代の知恵を結び付ける

五 その土地の素材と多岐にわたる生産者を世界に紹介し、その背景となっている文化・歴史を広める
六 環境を不要には苦しめず、森林、工業、大地における倫理的な生産を推進する

上：noma のためのホテル「House of seasons」コンペ案CG（制作：mok architects）。客室と庭の様子　中：レストラン部分　下：ラウンジ部分

七 伝統的なその土地の素材の新しい活用の方法を発展させる
八 敷地特有の工法・伝統工業を世界からのインスピレーションと上手く融合させる
九 自給自足されてきたローカルな素材を、高品質なデザインへと結び付ける
一〇 クライアント、職人、他の建築家、エンジニア、素材の生産者、デベロッパー、リサーチャー、教師、政治家、公共機関が皆で協力し、皆に利益と強みをもたらすよう努力する

　極端かつシンプルな改変で、建築のマニフェストになる。その土地のデザインの伝統を革新的に更新し、世界のなかでもまったく新しいものをつくっていく。そのために必要なことは、その場所、ルーツつまり歴史、風土、文化のすべてを色々な角度から徹底的に見直すことだ。そのうえで、関わる人々の関係性や世界の文化、最先端の技術までもデザインに織り込んでいくことも道の一つなのだと知った。

　ホテルのプロジェクトはプロポーザルとして採用されることはなかったが、上記の設計マニフェストを自身の信条としながら、北欧でも日本でも、その場所の文化となれるものをどうやってつくるのかまだまだ模索する毎日である。

「Izumi – Allerød」（内装デザイン：mok architects 二〇一八年）。古い銀行をレストランに改装したプロジェクト

コペンハーゲンと東京で設計事務所を運営するためのQ&A

森田美紀と
小林優に尋ねる

小林優：一九九〇年福井県生まれ。二〇一三年デンマーク王立芸術アカデミー建築学校へ交換留学。二〇一四〜二三年Johannes Torpe Studio。二〇二三年mok architects共同設立、二〇二四年同日本法人設立。
森田美紀：一九八九年京都府生まれ。大阪市立大学大学院生活科学研究科修了後、二〇一二年デンマーク王立芸術アカデミー建築学校。二〇一六〜二一年Space Copenhagen。二〇二三年mok architects共同設立、二〇二四年同日本法人設立。デンマーク建築家協会登録建築士。

［ *Q1* 活動内容 ］

mok architectsはコペンハーゲンと東京を拠点に設計活動を行うデザイン事務所だ。

内装と呼ばれる空間構成や壁や床や天井を中心に、キッチンや収納などの造作家具、椅子やテーブルなどの置き家具、造作家具や空間に取り付ける、たとえばドアの取っ手やフックなどの金物などもデザインする。空間に入った人たちがどんな感覚を得るのか、感情になるのか、そういった空間のもつ情緒的なところを、空間に接するすべてのタッチポイントについて包括的に考えながら細かいところへ目を向けながら、空間をつくろうと努力している。

アルヴァ・アアルト、アルネ・ヤコブセンなど北欧の近代建築の歴史をつくってきた巨匠も、現在コペンハーゲンで活躍する同世代の建築家も、同じように色々なものをデザインしていた。一つのコンセプトで空間を構成するすべてのものをデザインするのはとても楽しい。

最近は東京の仕事が多くなってきたが、スタンスは変わっていない。プロジェクトとしては森の中のキャビンホテル、海の近くの一棟貸しホテル、温泉宿、コリビング、アパートメントホテルなど、ホテルや暮らしにまつわるプロジェクトが多い。

［Q2活動のきっかけ］

森田は元々は大学院留学のためコペンハーゲンに越してきた。院進学・就職活動について考えていた大学生三年生の夏、友人と初めて北欧をバックパック旅行で訪れた。歴史のある街並みやデザインを大切にしながら、新しい建築の可能性に挑んでいる街の姿はとても魅力的に映った。また街なかの一つ一つ、たとえば壁の色やスロープの角度、手すりの素材や丸みなど、色々なものが人に優しく感じた。これはなぜかと地元の人に聞いても、日常的にそこにあるものについて改めて聞かれても、と不思議がられてしまうだけだった。自身もなぜ、どう違うのか具体的に捉えるのは数週間の旅行では難しく、これは住んでみないとわからないぞと留学したいと思い始めた。

一方、小林は大学院の交換留学プログラムにてデンマークに渡航した。プログラム終了後に、当時インターンをしていた設計事務所に引き続き勤務することを希望し、大学院卒業後もデンマークに滞在した。

異邦人、第三者であることによって見えてくる、当たり前というものの素晴らしさを感じたいと決めた留学だったが、翻って日本での〝当たり前〟の輪郭も見えるようになっていた。その双方の良さについて、空間という表現のなかでも自分なりに提案できる可能性を感じて、森田・小林の二人で二〇二二年コペンハーゲンと東京で設計活動を始めた。

［Q3事務所開設までのプロセス］

二人とも学生の頃から漠然とした憧れをもっていた自身の事務所を開くことに。森田はコペンハーゲンのインテリア事務所で、小林は設計事務所で修行するなかで、自らのプロジェクトとしても空間に取り組みたいと考え始め、いずれは自分の事務所を開くことを決めた。母国とはいえ、日本には特に仕事のつながりはなく、誰かから仕事をもらうことは

独立前に勤務していたインテリア事務所でのパーティの様子

近所の運河にて。よく散歩に出かける

難しい。コペンハーゲンには友人も多く、仕事の進め方も理解しているうえ、お世話になった工務店・家具職人もいるため、努力すれば独立は叶いそうだと感じ、コペンハーゲンで独立することに決めた。

　実際には、コペンハーゲンで独立して事務所を運営することはとても難しかった。一つにビザの問題がある。デンマークでは一部の例外を除き、自営業者にはビザが発給されない。ビザがないと三ヵ月以上の滞在はできず、また労働もできない。たとえば家族のビザに帯同したり、ワーキングホリデーのかたちでフリーランスとして働くことはできるが、自力だけで自営業ビザを得るのはほぼ不可能だ。独立するためには実質永住権を取る以外方法がない。

　二人とも労働ビザで現地のデザイン会社で八年以上デンマークに暮らし、また語学試験をクリアするなどビザの受給条件を満たし、永住ビザ取得後、事務所を設立するという目標を立てた。結局前職では五年半くらい働いたのだが、今の仕事の取り組み方につながる素晴らしいプロジェクトに多く取り組めた。また独立したらもうできないだろうと思い四ヵ月仕事を休み世界一周旅行をしたり、日本から集めた民芸品をデンマークに送りポップアップで民芸屋を開いたりもした。とはいえ八年も待てず、仕事の合間にコンペに参加したり、独立したばかりの友人の事務所と協力しながらレストランのデザインをしたり、こっそりと自分たちの仕事もしていた。またサラリーマンの間にローンを組んでアパートを購入し、デンマークでじっくりと腰を据えて働く決意を新たにした。

　いざ永住権を取り、勤務先を退職してもすぐ仕事が来るわけはなく、小さなデンマークの経済市場のなかで仕事を取るのにはとても苦労をした。元々素晴らしい建築家がたくさんいて、デンマークの数少ない新築プロジェクトから規模の小さなリノベーションプロジェクトまで、仕事を取り合っている状況だ。独立したばかりの小さな事務所が生き延びるのはなかなか難しく、毎年多くの事務所が生まれる一方、多くの事務所がつぶれてしまう。前職を辞めたこ

左右とも：事務所兼自宅の風景

自宅の近くで行われていたストリートパーティ

とで国から失業手当がもらえるため、それで何とか食いつなぎながら思いつく限りのレストランやホテルにメールを送り、仕事を得るための努力をした。

［Q4 事務所運営］

基本的には森田と小林の二人で事務所を運営している。二人とも前職を含め、これまでデザインしてきた内容やデザインしたいものの志向が似ており、行う作業も類似しているので、特に役割分担は設けず、お互いに協力しながら設計を進めている。長く同一のプロジェクトに携わっていると、いかに素晴らしく面白いプロジェクトであっても疲れてしまう瞬間がある。そんなときには片方が一時的にプロジェクトを引き継ぎ、ある程度まで進行させた後、再び元の担当者に戻すこともある。さらには私たち二人が同じタイムゾーンにいないときには、同じプロジェクトを交互に取り組むこともある。特にそれぞれが日本とデンマークにいるとき、日本の夜はヨーロッパの朝になるため、日本で夜間に取り組んだ仕事をデンマークにいるパートナーに渡すと、朝起きると進捗が見えるかたちで返ってくる。私たちはこれをキャッチボール方式と呼び、プロジェクト推進の一助としている。

現在、主に日本の事業者が進める日本国内のプロジェクトに多く関わっている。最初は知人の紹介などで仕事を得ることが多かったのだが、最近ではSNSを通じ私たちの活動や設計について理解してもらい、直接連絡をいただくことも増えた。

特にYouTubeで私たちの暮らしが紹介された際には、多くの反響を感じた。私たちの自然体の姿・生活様式を見たうえで、その人がつくり上げたいと思う生活について一緒に考えていただけることは、素直に仕事に取り組めるととても心地良い状況だと感じる。

そういった経緯もあり、生活様式を改めて考える、コンセプトから一緒に考えていくプロジェクトが多いのも、私たちmok architectsの特徴の一つだと考えている。

設計費の見積もりに関しては、相場を参考にしながらも工数を精査して、そのままを見積もりとしてクライアントに提示する。そのなかで、もし割高の場合・作業内容に不足がありそうな場合は作業内容・時間を見直して、クライアントと一緒に契約範囲の見直しを行っている。

たとえば出力するレンダリングがもっと枚数が必要だと想定される場合、出力カット数・作業時間を増やして増額したり、見積もり金額が高すぎる場合には設計範囲を少なくして減額するなど契約書とセットで見積もりの検討を行えるようにする。

これはデンマークのグラフィック会社で働いていたとき・インテリアデザインの事務所で働いていたときに学んだ方法で、施工費からの割合で計算される設計費よりも合理的だと思い、採用している。

［Q5 不在にする場所への対応］

二人ともデンマークにいる場合は日本のプロジェクトについて、ときに連絡不足となってしまうこともあり、各プロジェクトに少なくとも一人は日本にいる友人の建築家にプロジェクトパートナーとなってもらっている。たとえば現場監理・仕上げ材サンプルの収集・日本の法規を基にしたプランニングの監修など、日本に住んでいないと難しい作業も多い。日本にいないためという理由もあるが、まだ独立したばかりの私たちではわからない商慣習や設計業務の流れなど、経験不足からなる至らない点もたくさんあるため、私たちと異なる経験をもつパートナーと組むことは単に業務を肩代わりしてもらうよりも、もっと多くのメリットがある。

日本では独立して一人で設計活動をしている人が多いことに驚いたが、そういった方々のプロフェッショナリズムにmok architectsは支えられており、一緒に設計活動をしてくれる方々をいつも募集している。

［Q6 働き方の工夫］

日本のクライアントには、なるべく日本時間の遅い時間にミーティングを設定してもらうようお願いしている。日本の夕方の時間帯がデンマークの朝の時間帯となるため、なるべく早起きをしてミーティングに備

レストラン「IZUMI Charlotten-lund」（内装デザイン：mok architects＋PAN- PROJECTS 二〇一八年）

える。昼までにはだいたいミーティングは終わるので、昼食を食べた後は設計活動に集中することができる。

　パートナーや日本にいるプロジェクトパートナーと協働して設計を行う際は、情報の共有方法に工夫をする必要がある。図面などのファイル

「The Apartment Hotel」（内装デザイン：mok architects 二〇二四年）

はDropboxで管理。Miroという仮想ホワイトボードアプリで協働作業・設計過程を共有したり、Notionというメモアプリを使って情報や議事録をWiki化して共有し、取り組む全員が同じ深度でプロジェクトの情報を共有できるように仕組みを設計して

「カリモク×SANUチェア」（デザイン：mok architects 二〇二四年）

いる。最近はクライアントもMiroやNotionなどネットワークツールを使用するケースが増えてきたので、情報をそのままシェアすることもでき、さらに便利になった。

【Q7 資格や金銭面での注意点】

自然な成り行きで二拠点生活となったが、「お金が掛かるなあ」と痛感する。コペンハーゲンでも日本でも、家の中にオフィススペースを設けて働いているが、その二つの拠点に掛かっている金額はなかなかになる。そこでもう片方の拠点にいるときに使っていない拠点については、Airbnbや友人に貸し出すなどで活用する準備をしている。少し前までは本当に二拠点生活ができるか不安だったので、日本にいる際は実家、もしくは友人の家の子ども部屋に居候させてもらっていた。保険や年金など、金額ももちろんだがその制度・仕組みを理解すること、きちんと手続きをして支払うことの時間的なコストを多く感じた。もし余裕があれば、社労士や税理士にまとめて依頼したほうがよいかもしれない。

また税金の仕組みについても理解するのに時間が掛かった。最初はデンマークの法人としてビジネスを行っていたため、源泉徴収や租税条約など日本の法人と取引する際の二重

課税への配慮が必要だったり、そもそも信用を得るのが難しいなど乗り越えるための問題解決が毎回の来日の際の重要な仕事だった。現在は日本法人として活動しているので、それはそれで難しい日本の法人の仕組みを勉強しながら仕事している。

［Q8 メリットとデメリット］

何よりも、自分が生まれ育った場所の文化を第三者として俯瞰して見られていることが、自分の制作に役立っていると思う。留学を決意したときの狙いが結実したかたちとなり、とても嬉しい。日本のデザインを俯瞰することで北欧の意匠との共通点を見出し、形にしたり、北欧の暮らし方から日本の文化に親和性の高そうなものを抽出しコンセプトとしたり。他にも日本の当たり前とされていることを面白がって、デザインのきっかけにしたりと、実際に動き、感じ、暮らすことで実現していると思う。また日本ではさらに手仕事を生業としている人、職人たちと話す機会が多い。デメリットは先述した通りコストが掛かること・距離が離れてしまうことだが、二拠点生活はそのデメリットを凌駕して、自分のアイデンティティにつながる大切な行為だと感じている。

［Q9 今後の展望］

まだ独立して二年目、本格的な二拠点生活を始めたのは今年（二〇二四）からなので、まずはこの暮らしのなかでクライアントや設計チームと一緒にどうやって良いものをつくれるか、試行錯誤しながら取り組んでいる。今後もこの二つのルーツをもつことが各プロジェクトにどんな良いメリットをもたらすのか探求しながら、設計活動をしていきたい。今、プロジェクトに日本の作家・工場とのやり取りでつくっているプロダクトが多くある。それを北欧にもって行ったり、逆に北欧のアーティストや作家を日本で紹介していきたい。建築・空間は彼ら手仕事をする人々にメディアを提供できる存在だと考えている。時間や場所の制限を越え、そういった双方の文化を空間として紹介できるような存在になっていきたいと思っている。

第二章　アメリカ

ボストン

多様な人が豊かに暮らす都市をつくる

古澤えり
HR&A Advisors

今の職場に移って間もない頃、先輩に「オレゴン州のポートランドで面白い案件があるがチームに入らないか？」と呼び止められた。市の財務局が行政サービスを改善するためにアンケートを行っているが、例年回答者数が少ないうえ富裕層・白人の割合が高い。より多くの人、かつ低所得者や人種的マイノリティの人の声を反映させるため、質問項目や配り方、解析方法など、あらゆる面で刷新したいとのことだった。翌日にはチームに加わり、まずは質問票をシンプルにした。結果を基に市が行動を取れるような質問に絞り「たとえば「現在は（昨年と比べて）暮らしやすいですか」という質問は面白い結果になるかもしれないが具体的な行動につなげにくい」、行政用語は平易な表現に変えた。配り方も、例年のように無作為抽出した住所に郵送するのではなく学生を募り、回答率の低い地域で戸別訪問をしてもらった。そのなかで、何のためのアンケートか、回答すると市のサービスがどう変わるのかを説明してもらい、それまで行政に関心が薄かった人が興味をもつきっかけをつくった。その結果、前回の倍以上の回答が集まり、人種的マイノリティの人からの回答数も四倍近くに伸びた。お年寄りや若い人のほうが公共交通を重視していること、公園整備への満足度が市の東部で比較的低いことなど地域や属性による違いもわかった。

建築・都市計画を専門としてきた私が住民参加の仕事をしていると話すと、驚かれることがある。しかし、住民参加を通じて地域の人のニーズや要望を自治体の意思決定に反映させる行為は、突き詰めれば「誰のための都市か」という、建築や都市計画にとって極めて根本的な問題と対峙することであると思う。似た属性の人のデータを基に練られた政策は、偏ったものになりがちだ。都市に関するあらゆる意思決定――税金の使い方から、都市開発のあり方、公園にどのような遊具を置くかなど――に誰の声が反映されているのかを精査することは、多様な人のニーズが考慮された政策づくりに不可欠だと考える。

アメリカ各地の地方自治体や民間のクライアントに伴走しながら、多様な人が豊かに暮らせるような都市をつくるお手伝いをしてきた。そのなかで、重要だと感じた視点を三つ紹介したい。

一　誰が意思決定の場にいるのか。

チームのスタッフの属性や、住民参加のイベントに来てくれている人の属性を見て、誰の声が反映され誰の声が抜けているかを検討することで、少数派の人を排除しない意思決定に近づくことができる。

二　誰の体験が優先され、誰が後回しになっているか。

財務局の住民アンケート一つをとっても、回答者のデータが偏っていれば、それを基に市が多数派の意見に重きを置きながら予算配分を決めてしまいかねない。都市開発の文脈でも、どのような住民像・顧客像が想定されているのか、それに当てはまらない人にとってどのような体験になるのかを考えることは、多様な人の体験を想定するうえで不可欠だ。

三　今既にある格差を縮めるためにこの案件をどう役立てられるか。

初めてワークショップに来てくれた人に今後も参加しようと思ってもらえるような体験を提供することで、都市に関する意思決定に関わる人を少しずつ多様化できる。都市開発の案件なら、敷地周辺で地域の人に必要とされている用途を組み込んだり、建設業者やコンサルを選ぶ際、女性やマイノリティの人へのサポートが手厚い企業を優先したりすることもできる。都市のプレーヤーとして多様な暮らしを支えるきっかけはたくさんある。

日本でも地域の人との対話を重視する自治体が増えているなか、「誰のための都市か」を突き詰めることの意義は大きいと思う。アメリカ各地で試行錯誤が続いているが、日米の文脈の違いを踏まえつつ上手く橋渡しをしたいと思っている。

Findings
NATURE AND PARKS

Most Portlanders are satisfied with the safety and cleanliness of Portland's parks (Q40, Q41). Satisfaction levels for both measures are similar across race, gender, and household income level.

Respondents who had not participated in a Parks program or activity are less satisfied on cleanliness (67% participants vs. 60% non-participants) and safety (73% participants vs. 61% non-participants), which may be a reason for their non-participation. Residents of East Portland have among the lowest satisfaction ratings on both measures.

Average responses in all ZIP Groups fall within the "Very satisfied" or the "Somewhat satisfied" range (described on page 9). The survey team used different shades of green to further distinguish between ZIP Groups in the "Very satisfied" category.

アンケートの回答をマッピングし地域別のニーズを把握した

ポートランドの個別チームの四人組。学生を含む地域住民に直接アンケートを配布してもらった

古澤えりに尋ねる

――

ボストンで都市計画コンサルティング会社に勤務するためのQ&A

古澤えり：一九九四年東京都生まれ。二〇一六年東京大学工学部建築学科卒業後、渡米。コロンビア大学都市計画修士課程修了後、ニューヨーク市都市計画局。現在、HR&A Advisors。アメリカ各地の地方自治体に伴走し多様な人が豊かに暮らせる都市づくりのための活動を行う。

［Q1 活動内容］

私はHR&A Advisors（以下、HR&A）という都市専門のコンサルティング会社でディレクターを務めている。アメリカ各地の地方自治体に伴走しながら、多様な人が豊かに暮らせるような、公平な都市づくりをするという案件が中心だ。

HR&Aでは、都市計画や不動産開発の案件もあれば、自治体全域に関わる政策づくりのお手伝いをすることもある。

たとえばジョージア州アトランタ

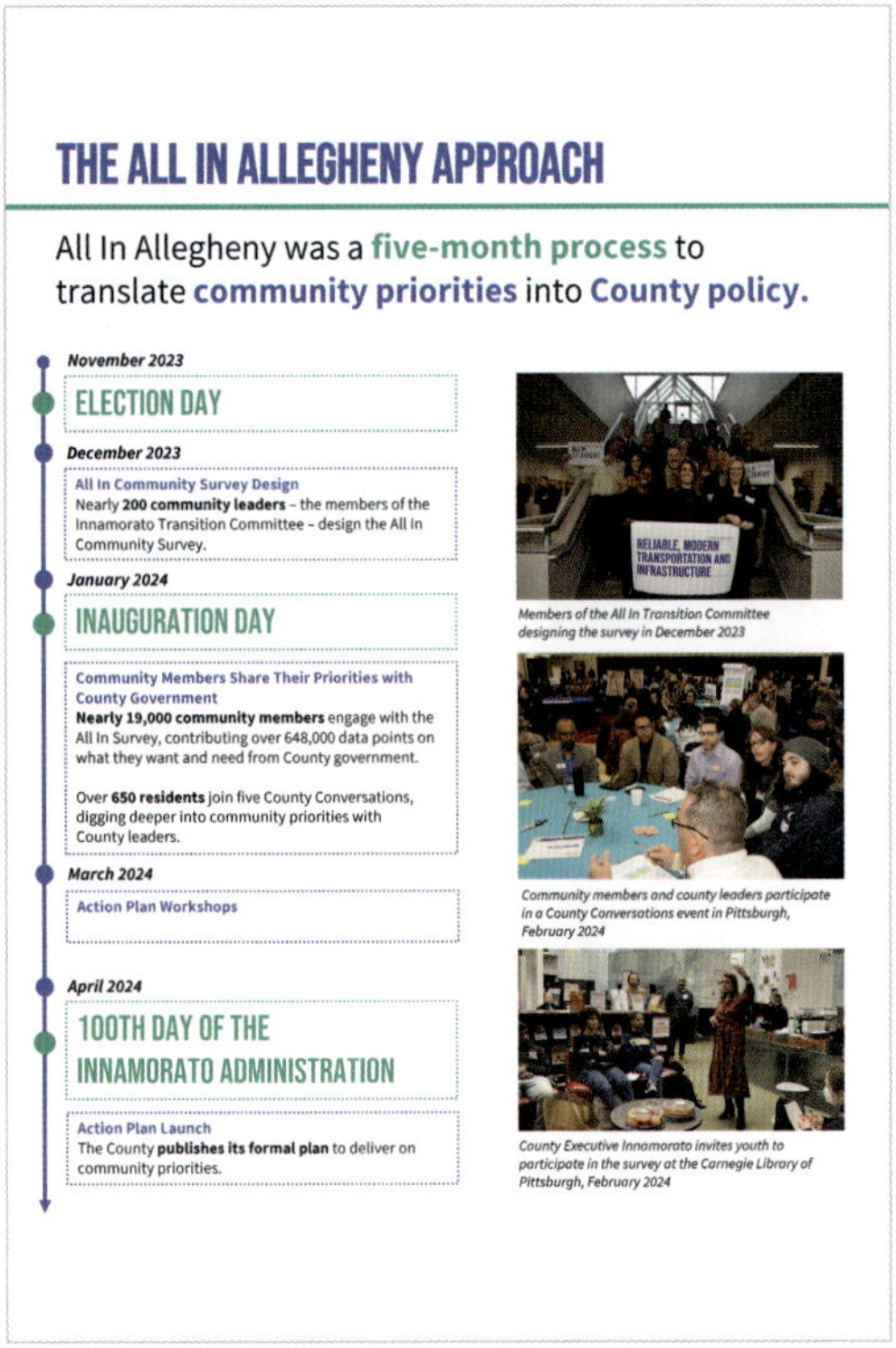
THE ALL IN ALLEGHENY APPROACH
All In Allegheny was a five-month process to translate community priorities into County policy.
November 2023
ELECTION DAY
December 2023
All In Community Survey Design
Nearly 200 community leaders – the members of the Innamorato Transition Committee – design the All In Community Survey.
January 2024
INAUGURATION DAY
Community Members Share Their Priorities with County Government
Nearly 19,000 community members engage with the All In Survey, contributing over 648,000 data points on what they want and need from County government.
Over 650 residents join five County Conversations, digging deeper into community priorities with County leaders.
March 2024
Action Plan Workshops
April 2024
100TH DAY OF THE INNAMORATO ADMINISTRATION
Action Plan Launch
The County publishes its formal plan to deliver on community priorities.
RELIABLE, MODERN TRANSPORTATION AND INFRASTRUCTURE
Members of the All In Transition Committee designing the survey in December 2023
Community members and county leaders participate in a County Conversations event in Pittsburgh, February 2024
County Executive Innamorato invites youth to participate in the survey at the Carnegie Library of Pittsburgh, February 2024

半年を掛けて大規模な住民参加を行った

市近郊の巨大な敷地を自治体が購入し、今後の経済開発の起爆剤にするべく再開発を計画した案件がある。ここでは自治体にとっての経済的な利益のみを優先するのではなく、敷地周辺に住んでいる多様なコミュニティの人々の暮らしが豊かになるようなプランをつくることが目的だった。再開発をきっかけとして人口が増え、地価が上がり、家賃が高騰することが予測できるなか、周辺の移民の人々が立ち退くことなく再開発の恩恵を受けられるようにするにはどうするべきかを考え、住宅や交通、公園、商業など、県の様々な部局と議論を重ねながら政策を練った。それらをまとめた計画は県議会において全会一致で可決された。

またピッツバーグ市で知られるペンシルベニア州アレゲーニー県では、就任したての首長（当時三七歳、かつ初の女性）のチームに伴走し、県全体を巻き込んだ大規模な住民参加を行った。これまで政策づくりの場に参加できなかった、人種的マイノリティの人、若者、低所得者の人など、少数派とされる人から重点的に意見を聞くため、四ヵ月近くにわたりアン

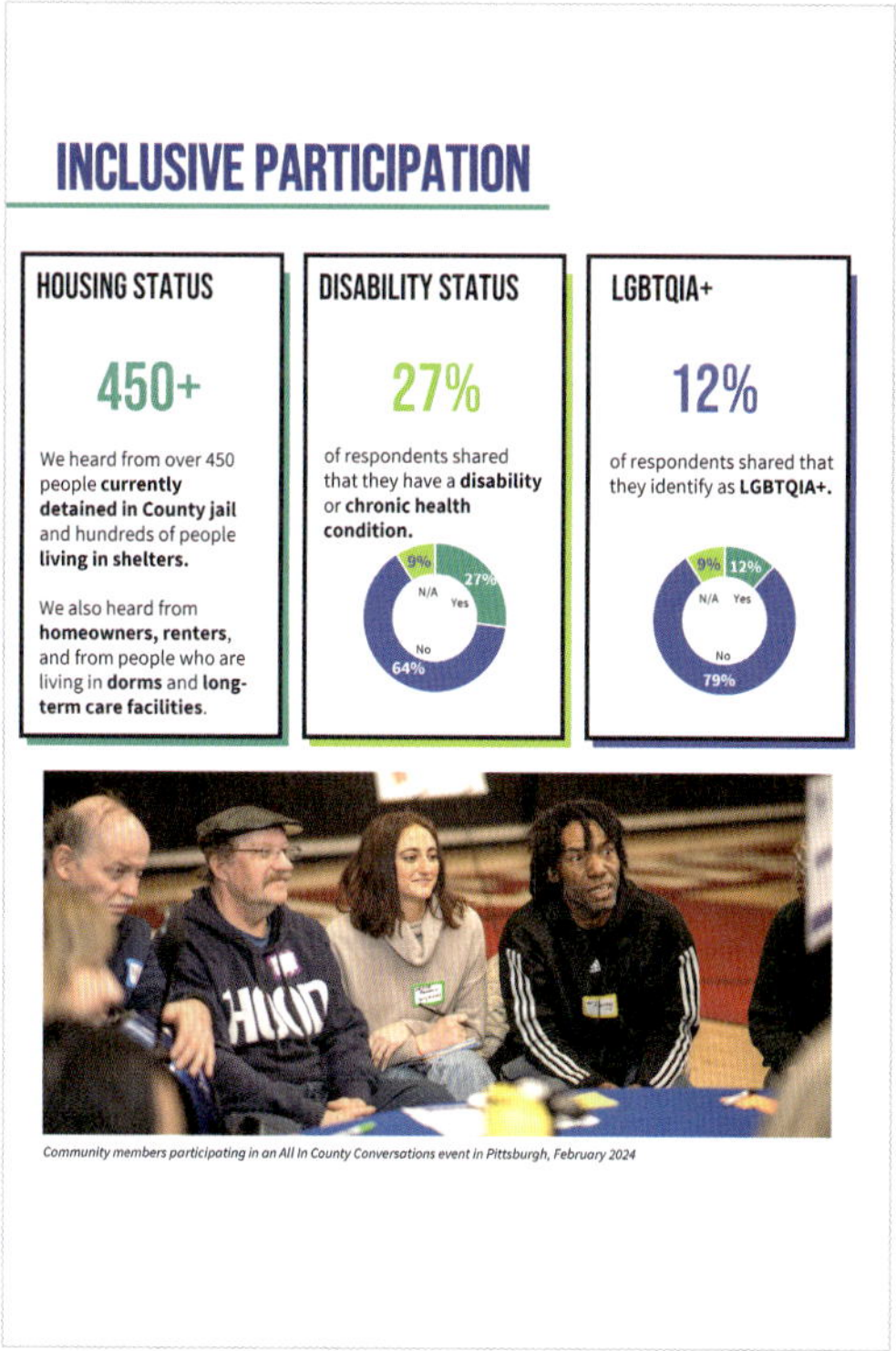

アンケート回答者の属性を細かく尋ね、誰のニーズを拾っているかを確認した

ケートやワークショップを行った。並行して、首長のチームや各部局との協働を通じて、地域の人の意見を県が実行できる行動に落とし込み、県内の様々な格差を是正するための政策を中心に据えたアクションプランを作成した。アンケートの結果や、回答した人の属性はオープンデータとして公開されており、アクションプランについても、県が取るべき行動の一つ一つの進捗が県のウェブサイトで見られるようになっている。

　なお、アクションプランが発表されたのが二〇二四年の四月だが、その半年後の段階で、プランに含まれている項目のおよそ九割のものが既に完了したか、実行に向けて関係部局が動いている。

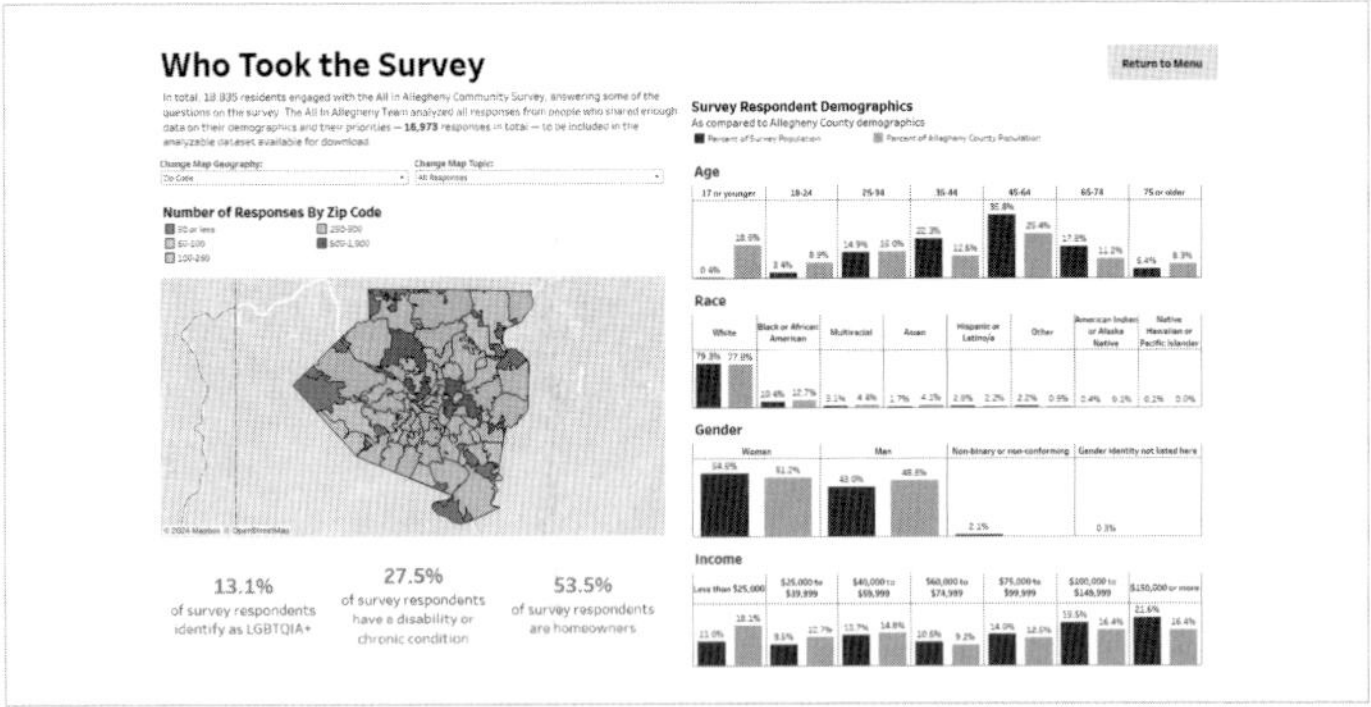

アンケート回答者の住む地域や人種、ジェンダーなどを県全体と比較した

［Q2 活動のきっかけ］

　渡米したきっかけは、日本の建築学科を卒業した後、より広く都市や公共政策に関することを学ぶためにコロンビア大学の建築・都市計画・歴史的保存大学院（Graduate School of Architecture, Planning, and Preservation）の都市計画の修士課程に進んだことだった。

　コロンビア大では、マンハッタンの中華街を敷地としたスタジオ課題やニューヨークの都市計画に関する法律の授業など、ニューヨークの地の利を生かした授業を取った。またリベラルな思想をもつ教授陣や同級生に囲まれ、都市計画を公平な都市づくりのために使う、という今の仕事につながる価値観に触れたのもこ

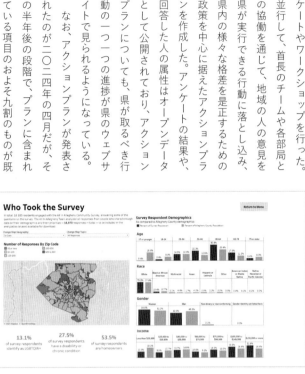

の時期であった。

修了後すぐに帰国することも検討したのだが、ニューヨーク市役所の職員や民間のデベロッパー経験者、コンサル業界の専門家などが毎週のようにレクチャーをしてくれる環境だったこともあり、現地で仕事を探し、実務経験を積もうと決めた。

【Q3 就職までのプロセス】

大学院を修了した後、まずはニューヨーク市の都市計画局で半年ほど働いた。その後、ビザの関係で転職をすることになり、現在の職場であるHR&Aに移った。今年で入社七年目になる。

ニューヨーク市役所の都市計画局では、二〇一二年にニューヨーク地域を襲ったハリケーン・サンディーの復興の一環として、市の全域で水際のゾーニングを改訂するプロジェクトなどを担当した。ニューヨークの複雑なゾーニングを読み込み、改訂前後で建物の形がどのように変わるかをスタディすることで改訂内容を検討する業務で、大学院で学んだニューヨーク市の都市計画の知識と、日本の建築学科時代に身に付けたモデリングやスケッチ・模型づくりのスキルが役に立った。

市役所から転職をすることが決まり、ハード面のデザインよりも政策に近い職場、かつジェンダーや人種、障がいの有無などの属性によって格差が生まれるという現状を変えるための仕事をしたいと思い職探しをした。運良く、大学院の授業でお世話になったAndrea Batista Schlesinger先生がHR&Aのパートナーの一人でありInclusive Cities Practiceというインクルーシブで公平な都市づくりを専門とするチームを率いていたこともあり、彼女に連絡を取ったところとんとん拍子に採用が決まった。

初めはマッピングを含めたデータ解析に加え、レポートやプレゼンの下書きをする仕事が主だったが、二〜三年後にはプロジェクトマネジャーとしてチームを率いることも増え、クライアントの対応を任せてもらえるようになった。

余談だが、市役所と民間との行き来はかなり活発で、ニューヨーク市役所時代の同僚も何人も民間に転職している。都市計画局の仕事を紹介してくれた人も、その後エンジニアリングの会社に転職し、私がHR&Aで担当したニューヨーク市の案件で偶然同じコンサルチームとしてご一緒することができ、感慨深かった。

【Q4 勤務先について】

HR&Aは都市計画や公共政策、気候変動対策、オープンスペース、不動産、TOD（Transit-Oriented Development）など、都市に関する様々な分野を専門とする創立五〇年ほどのコンサルティング会社だ。

全米各地に加え海外の案件も手がけており、社員は全体で一八〇人ほどいる。私が入社した当時は一〇〇人前後の会社だったが、ここ数年でかなり拡大し、担当する案件の幅も広がった。案件はコンペを通して獲得することも多いが、クライアント同士の口コミを通じて紹介してもらったりスタッフが発案し共感してくれそうなクライアントを探して売り込みにいったりと様々な方法がある。

原則として一度に複数の案件を担当している。それぞれの案件について、トップであるパートナー、日々のマネジメントやクライアントのサポートをするプロジェクトマネージャー、そしてデータ解析やリサーチ、成果物の下書きなどを担当するアナリストからなるチームを組む。案件に応じて、少ない時は三人ほど、多い時は十数人のチームを組む。エンジニアリングや建築デザインの会社、場合によっては法律事務所など、案件によって他の専門性をもつ会社とコラボレーションをすることも多い。プロジェクトの規模は様々で、二～三ヵ月の短期の案件もあれば、数年にわたるものもある。複数の案件を並行して回すのに初めは戸惑ったが、慣れてからは、一度に色々な分野のことを考えられる刺激の多さが気に入っている。

会社として手がける案件は多岐にわたるが、既存の法律やシステムでは一筋縄ではいかないようなことを、ビジョンのあるクライアントの元で工夫を重ねながら実行するような案件を得意としている。代表的なものとして、ニューヨークのHigh Lineという公共空間を実現させたケースがある。一九三〇年代に建てられた鉄道の高架の老朽化が進み、九〇年代になって市が取り壊そうとした際、高架を新しい公共空間として再生するべくFriends of the High LineというNPOが立ち上がった。弊社は彼らのサポートの一環として、High Lineを再生させた際に見込める経済的・社会的な効果をまとめて市を説得したり、都市計画局と組んで敷地周辺のゾーニング改訂を行ったり、High Lineのオペレーションの計画を立て、運営をめぐって公園局との調整を進めたりした。今ではHigh Lineはニューヨークを代表するオープンスペースの一つとなっている。

　私が所属するInclusive Cities Practiceというチームは、文字通りインクルーシブな都市をつくることを掲げ、経済開発をより公平に進めたいと考えている自治体のお手伝いをしたり、女性・マイノリティの首長の裏方として動いたりと、幅広く活動している。同僚には元・ニューヨーク市長のスタッフを務めた人や、行政経験者、建築家、NPO経験者など、様々なスキルをもつ人がいる。

　私自身の働き方は所定労働日数が週あたり五日で勤務時間は原則九〜一七時。オフィスへの通勤を週二日程度、残りはリモートとし、ボストン外のクライアントの現場にも出張で頻繁に通っている。時差のある場所のクライアントとの打ち合わせや、作業量の兼ね合いで残業することもある。HR&Aは全米の主要都市に六つのメインオフィスがあり、私はボストンのダウンタウンにあるサテライトオフィスに勤務しているため、通勤時間は住んでいるサマビル市から地下鉄を利用して二五分程度と非常に便利だ。

　またボランティアでサマビル市にて気候変動・エネルギー政策アドバイザーを務めている。目的に応じて個人の活動にも色々と柔軟に対応してくれる会社の元、非常に恵まれた環境で働けていることに感謝している。

［Q5 日本との違い］

　アメリカで暮らすなかで、女性・アジア人・外国人といった自分のアイデンティティを自覚することが頻繁にある。似た属性をもつ人との信頼関係を築きやすいといったポジティブな面もあれば、マイノリティ蔑視をする人から差別的な扱いを受けるなどのネガティブな面もある。またそういった個人間の体験を超えて社会全体に目を向けると、マイノリティとしての属性がある人が暮らしにくいシステムになっていると感じる場面がたくさんある。私自身、ビザの手続きや就職活動を通して理不尽な思いをしたし、私よりもはるかにシステムによって抑圧されている人が多くいることも目の当たりにした。

仕事の面では、アメリカの都市と人種差別の影響とが密接に結び付いていることもあり、会社が組織としてそれと対峙する場面に深く関わる機会があった。二〇二〇年のGeorge Floydの殺害がきっかけとなってBlack Lives Matterのアクティビズムが盛り上がった際、これまでの活動を人種差別という観点から再評価するべきだという気運が社内でも高まった。当時のHR&Aは他の多くの不動産業界の組織同様、エリート層・白人の社員が多かったことから、現在の構成で人種的マイノリティや貧困層、移民など、多様な人が住む都市での実務ができるのか、アメリカの都市が人種差別の歴史のうえに建てられ、特権階級の人が意思決定を行ってきたことを考えると、そのような仕組みを意図的に変えなければ格差を再生産・強化してしまうのでは、という議論が活性化した。

そこで、二〇二〇年の秋より社長自らが率いる人種差別撤廃のための社内タスクフォースが結成され、私も数年間、スタッフ代表として運営に参加した。クライアントのいる実務という外部向けの視点と、社内のオペレーションという内部向けの視点の両方から、人種差別が現在も影響を及ぼしている箇所を特定し、是正していくことを目的としていた。

前者に関しては、たとえば自治体の地区計画をつくる際、弊社のみで進めてしまうと視点が偏るので、現地の、しかも可能な限り人種的マイノリティの人や女性がトップを務める企業と組むようにしたり、住民参加のアウトリーチをさらに工夫する

会社の研修でシカゴの中華街へ

ことで多様な人が参加しやすくするようになった。

後者に関しては、社内のスタッフ間の格差を縮めることに焦点を当てた。たとえば昇進にあたって本人のスキルに加え評判に重きが置かれる職場では、本人の功績を社内外に積極的に広めてくれたり、昇進を推薦してくれるような目上の「スポンサー」の存在が必須だ。しかし、白人が半分を占める弊社のような職場では、人種的マイノリティのスタッフはそのような存在をつくりづらい、という現状があった。そこで既存のメンターシップ制度に加え、マイノリティの社員を社内の経営者層であるパートナーと一：一でつなぐ制度をつくった。また新卒・中途採用の段階で人種的マイノリティの人が公募を見つけやすく、応募もしやすくなるようにするなど、社員の多様性を増やす工夫もしている。

【Q6 資格や金銭面での注意点】

大学院を修了して学生寮を出る際、いざ家探しを始めると、どれほど条件を妥協しても一人で住むのは難しい不動産市場だったので、かなり驚いた。アプリを活用して出会ったルームメートと一緒に、ブルックリンでアパートをやっと見つけることができた（結果的にルームメート

ニューヨーク市での住民参加イベントの様子

とはとても良い関係を築けて、社会人としてニューヨーク生活が楽しく過ごせた)。

医療サービスも、日本とは比べ物にならないほど高額、かつ医療保険が職場に紐づいているなどシステムが複雑なので、困惑した。金銭面も、会社の401(K)という年金制度に登録したうえで自分で天引き額を調整しなくてはならないことや、毎年の確定申告を各自で行うことなど、慣れるまでは戸惑ったし、未だにわからないことはその都度調べて対応している。

金銭面以外で最も気をつけたのはビザだった。私は学生ビザの後、H1-Bという就労ビザを経て、現在はグリーンカードを取得する手続きをしている。

ありがたいことに会社が弁護士費用を負担してくれているが、それでもトラブルや不確実性がある。H1-Bは抽選があり、外れると雇用が保証されないという状況に陥った。運良く当選した後も、一時帰国してビザを更新しようとした際に理由不明で拒否され、年末の二週間の帰国を二ヵ月に延長し、リモートで時差と闘いながら働いたこともあった。

なるべくリスク要因を取り除くことしかできないが、外国人としての立場の低さを痛感させられる瞬間であった。

[Q7メリットとデメリット]

海外で活動するメリットは、日本を外から観察する機会が増え、国外にいるからこそ得られる視点や学びを日本の都市関係の方々にお伝えできるようになったことだ。質の高い住民参加の在り方や政治面でのジェンダーギャップを縮める方法、そして脱炭素や気候変動対応など、アメリカで活動するなかで日々考えていることについて、同じ分野の活動をされている日本の方にお伝えする機会が増えており、日本の都市に役立つことを学ぼうと渡米した身として、とても嬉しく思う。

デメリットは、フルタイムで海外にいる分、日本で直接的な実務経験を積む機会が限られてしまい、「アメリカの事例をたくさん知っている人」という位置づけになってしまいがちなことだ。今後日本での活動をさらに広げ、海外で学んでいることを活かしつつ、日本の慣習や仕組みを踏まえた仕事ができるようにしていきたいと考えている。

［Q8 今後の展望］

近年日本の都市関係の方々とコラボレーションさせていただく機会が増えており、アメリカで得た学びを日本に活かせるという手ごたえを感じている。今後も「誰のための都市か」という視点から、日本での活動を増やしたいと考えている。

たとえば、HR&Aの業務として日本で住民参加の活動をされている企業にアドバイザーとして入らせていただく機会があったが、今後も地域の方との対話を進めている自治体や民間企業の方のお手伝いをさらに進められればと思っている。政治分野では、ジェンダーギャップを縮めるという観点から、日本の首長や議員、また彼女たちをサポートする活動をしている専門家との協働を続けて、私がアメリカで現在行っている女性やマイノリティの首長のサポート事業を日本にも導入していきたい。

また、ニューヨーク市の気候変動対応マスタープランを手がけた経験やサマビル市で気候変動・エネルギー政策アドバイザーを務めている経験を活かしながら、気候変動・脱炭素分野での日本の自治体・民間の方々との協働を進める機会も増やしたいと考えている。

住んでいるサマビル市の緑道沿いの壁画。遊び心のあるアートがいたるところに見られる

人種の混淆から生まれる多方向な景色

藤井勇人
+5581studio

私の場合、多拠点というよりはブラジルという国に完全に振り切っているため、この本のタイトルからは多少ずれるかもしれない。しかし、ブラジルに移住したからこそ見えてくる多拠点ならぬ多方向な景色が見えることがある。

景色その一。二〇一七年五月二日、サンパウロの目抜き通りであるパウリスタ大通りに、日本の外務省が世界三都市（サンパウロ、ロサンゼルス、ロンドン）に設置した日本文化対外発信拠点のうちの一つである「ジャパン・ハウス サンパウロ」のオープニングセレモニーが厳戒態勢の下、開かれようとしていた。

それもそのはずでブラジルからは大統領であるテーメル大統領（当時）、日本からは麻生副総理（当時）が出席されるということで数日前から警備体制のシミュレーションを何度も行っていた。館内は招待客で超満員のすし詰め状態であったが、無事にテープカットが行われその模様は日本とブラジルの多くのメディアで放送された。その数日後、オープニングイベントとして招聘された坂本龍一さんと三宅純さんの野外コンサートがサンパウロのイビラプエラ公園で開かれた。

あの日から約七年。二五〇〇平米足らずの「ジャパン・ハウス サンパウロ」には、国内だけではなく南米の様々な国から既に四〇〇万人を超える人々が訪問している。元々親日家が多い国であるが、建物ができたことによって日本文化への認知度がさらに上がり、ブラジル人の日本に対する景色が多少なりとも変わったと言っても言いすぎではないだろう。

元々この案件は、建築設計、施工から、事業の企画、運営などすべてがパッケージになった入札案件であった。当初私は日系ゼネコンに所属しており、入札参加のために日本人設計者の選定が必須であったが、私の頭の中に浮かんだのがまず隈さんで、電話をして二言返事でOKしていただいたことを昨日のことのように覚えている。

敷地探しから始まり、広告代理店や施設運営会社と事業コンソーシアムの構築、事業計画、コンテンツ計画、施設運営計画を一〇名程のチームでまとめて入札。落札後、ローカルアーキテクトの選出を経て、建屋の設計で十一ヵ月間、檜を使った特徴的なファサードの日本での事前建て方チェックなどを含め工事は八ヵ月間の月日を要した。

そしてオープン後は唯一の日本人スタッフとして二年近く「ジャパン・ハウス サンパウロ」の運営に関わり、私の三〇代後半をほぼすべて捧げた最も思い入れのあるプロジェクトであった。

景色その二。そもそもブラジルは一九、二〇世紀に世界各国から移住してきた移民の子孫たちによって構成されている国だ。

彼らはそれぞれ様々なルーツをもっており、人種や民族差別がまったくないと言ったら嘘になる。しかしながら、多民族国家といわれる他の国々に比べたらブラジルは差別や偏見が圧倒的に少なく、様々な人種が混淆してできた二〇〇年余りの新興国だ。ロシア・ウクライナ戦争が起きた際も翌週にはウクライナ系とロシア系ブラジル人たちが一緒になって反戦デモをしていたし、毎年三〇〇万人近くが集まるサンパウロのLGBTパレードは世界最大のプライドパレードとしてギネスブックに認定されている。

つまり、人類が混合していく少し先の未来の姿がブラジルにはあると常々思うのである（そういう意味で、テリー・ギリアム監督によるSF映画「未来世紀ブラジル」というタイトルは正に言い当てて妙だ）。

そんな少し未来の国であるからこそ実現可能なプロジェクトがあるのではないか、ということで隈事務所として「Esplanada Liberdade（リベルダーヂ・プロムナード）」という、敷地面積約二万五六〇〇平米の公札案件に参加している。

元々一八世紀から一九世紀に掛けて、奴隷制廃止に伴い自由（リベルダーヂ）を手に入れたアフリカ系黒人奴隷が当時の繁華街の外れに定住するようになった地域で、その後二〇世紀に入って日本人移民が住むようになり、七〇年代以降は韓国人、中国人移民が共存する、まさに幾重にも重なった歴史がある地区の再開発プロジェクトである。そのプロジェクトをポルトガル系・イタリア系・アフリカ系・ユダヤ系・日系ブラジル人、そして台湾人と日本人のメンバーで行っている。

多民族の子孫で構成されている国だからこそ、プロジェクトを共にやっていてもメンバーそれぞれのルーツやバックグラウンドが垣間見えることがよくある。

つまり、ブラジルという国にいながらにして、彼らを通して多方向な景色を見ることができるのである。世界一周旅行をしたいのであればブラジルを一周すればいいさ、とはよくいわれることだが、それは単純に景観的な話ではなく、考え方や習慣を含めての多方向な景色があるからである。

「ジャパン・ハウス サンパウロ」は、ブラジル人に向けて新しい日本の景色を提供することによって、結果的に多くの人々に受け入れられているが、ブラジル人という懐の深い人々でなくては到底四〇〇万人もの方々に足を運んでもらえることはなかったであろう。「Esplanada Liberdade」計画では、多数の人種や民族が居住してきた地域の複雑な歴史を読み取り、共存させるべくチームも多様性をもたせ、世界を見渡しても唯一無比の文化施設、商業施設を含めた公共空間の創生を目指している。

多方向な景色を見るために、まずは他者をリスペクトして受け入れること。それこそが私が少し先の未来の国の人たちから日々学んでいることである。

「ジャパン・ハウス サンパウロ」(設計:隈研吾建築都市設計事務所 二〇一七年)

「Esplanada Liberdade」コンペ案（設計：隈研吾建築都市設計事務所）

藤井勇人に
尋ねる

―

リオで設計事務所を運営するためのQ&A

藤井勇人：多感な時期をリオ・デ・ジャネイロで過ごす。早稲田大学理工学部建築学科卒業後、サンパウロ近郊にあるスラムの住民組織と共に家づくりを学ぶ。二〇〇九年ブラジル移住。日系建設会社を経て現在、+5581studio代表、隈研吾建築都市設計事務所ブラジル担当室長。

［Q1 活動内容］

日本からブラジルは遠い存在だと思われがちだが、じつは世界最大の日系人コミュニティがあり、四七都道府県のすべての県人会が存在する国は世界中を探してもこの国以外になく、日本とブラジルは縁の深い国だ。そんな両国の建築やカルチャー領域での交流やビジネスを促進することをモットーに活動している。隈研吾建築都市設計事務所（以下、隈事務所）ブラジルオフィスとしては、現地事務所設立の前段階であるため、現地代表としてブラジルの新規クライアントの発掘から、進行中案件ではクライアントと本社とのコーディネーション、プロジェクトマネジメントを行っている。個人の事務所では建築設計からプロデュース、デザインコンサルティング、ブラジルや日本の大学などで日本、ブラジルの建築やデザインに関する講演活動を行っている。一方、建築を超えてカルチャーという領域では、ブラジルの先住民がつくる椅子をはじめ彼らが使用する道具（雑貨）の輸出、ブラジル食品メーカーの日本進出支援、日本のコーヒーアクセサリーメーカーのブラジル輸入販売、日本国内の酒蔵の海外進出サポートなどの活動も行っている。

隈事務所としては南米初となる物件、日本の外務省の対外文化発信拠点「ジャパン・ハウス サンパウロ」を二〇一七年に竣工させ、現在ブラジル国内で四件目の物件が進行中だ。個人事務所としては、国内に九〇以上の店舗をもつライフスタイル提案型家電量販店の店舗開発や、日本食レストランやカフェを中心とした飲食店など国内で一〇件ほどが竣工しており、現在は目下二五年に開催される大阪万博ブラジル館の設計サポートがメインの業務となっている。

【Q2 活動のきっかけ】

父の仕事の関係で思春期をブラジルのリオで過ごしたことが私とブラジルの初めての接点である。当時は今以上に治安が悪く、一人で家の外へ出してもらえたのは学校、英語教室、そしてフラメンゴという地元サッカークラブでの練習だけだった。一方で、スクールバスの窓越しに見えたリオの風景、特に当時南米最大だったファヴェーラ(スラム)、ホシーニャの風景は思春期の自分にとってはあまりにも刺激が強く、眩しく、いつか自分の足で行ってみたいと当時から思っていた。建築を勉強するようになり、大学の卒業設計はリオのファヴェーラの改修計画とした。卒業後すぐにサンパウロ郊外の市役所で研修をさせてもらう機会をもらい、環境局都市化事業部の一スタッフとしてファヴェーラ内に建設するソーシャルハウジングの設計アシスタントをさせてもらったり、毎週行われていたファヴェーラの住民組織の定例会への参加や、ソーシャルワーカーと共に住民の戸籍調査などをさせてもらった。そのなかでも住民向け職業訓練学校に生徒として参加し三〇日間一緒に家づくり、つまりセルフビルドの家づくりについて学んだことは今でも貴重な糧となっている。クラスメートたちは建築の勉強はおろか大学卒業者は皆無であったが、子どもの頃から自宅や親戚、知人宅のセルフビルドによる建設を手伝ってきた経験があることから、明らかに私よりも知識も経験もあった。私が大学で学んできた建築学という学問は、全世界の四分の一の人々が暮らしているといわれているスラムの現状ではほぼ通用せず、人生の経験値の浅さを痛感した。

一年間の研修は毎日がポルトガル語のシャワーで、ズボンの後ろポケットに入れていた単語帳は三日もあればすぐに一冊終わってしまうほどで、毎日頭も体も耳もへとへとだった。最終的に研修を終えて、思い描いていたファヴェーラの姿と現実との乖離に苦悩しながらも、ブラジル人の懐の深さと多様なカルチャー、予定調和では決して進まない社会がゆえに何かを達成したときの充実感に心を奪われてしまった。帰国後数年間、日本のデザインベンチャー事務所や建築設計事務所で経験を積み、三〇歳を迎える節目に移住を決断した。

［Q3 事務所開設までのプロセス］

ブラジルで就業するとなると、他の国と同様に労働ビザが必須となる。財産がある人は一五〇〇万円程度を投資してブラジル人社員を数人雇えばすぐに事務所も開設できるが、私は当然そのようなお金はもち合わせていなかった。毎年法令が少しずつ変わるので都度確認する必要があるが、当時は投資家ビザ以外の場合は、労働ビザを発給してくれる引受け先である会社や団体を見つけ、永住権を取得するまでの数年間を社員として働く必要があった。私の場合は、当時ゼネコンの戸田建設が日本の建設系の企業として唯一ブラジルに現地法人があったため、東京本社の役員の方と当時のブラジル支社長に頼み込んでビザを発給してもらい、サンパウロ支社で現地社員と同じ条件で働いた。

永住ビザを取得して直後に着手したのがブラジルの建築士免許の取得だ。ブラジルは欧州の国と同じで、政府から認定された建築系の大学で五年間の学士課程（そのうちの半年は実務インターンが必須）を終了すれば、建築士として連邦政府に登録することができ、申請時に図面にサインが可能になる。私のような外国人にとっては、普通に現地の大学に入学して建築の学士を取得するか、もしくは海外の大学で取得した学位をブラジルの大学に学位移転して試験を通過するかの二通りの方法がある。私は後者を選択した。

まず建築士云々の前に国際ポルトガル語検定試験で上級を取得しなければ土俵にも立たせてもらえず、必死に語学の勉強をして一年半で合格。続いてサンパウロ州の複数の大学を回り、日本の学位では不足していた科目を受講して埋め合わせ、最終的にサンパウロ大学の教授陣に今までの自分のキャリアと今後の展望をプレゼンし学位を認めてもらった。その学位をもってブラジル政府直結の建築・都市計画審議会(CAU)へ書類を提出し何度か面接を受け、動き出してから五年後、ついに現行のブラジル国認定建築士として日本人初の認定をもらうことができた。

　戸田建設勤務時代は、技術営業として新規事業開拓などを行っていた。そのうちの一つの案件が「ジャパン・ハウス サンパウロ」で、先述の通り隈さんに設計を引き受けていただいたことがきっかけで、隈事務所として、ブラジル、南米初めての案件が実現することになった。

隈さんの来伯時にプロジェクト関係者を一堂に集めて行われる隈チェック

【Q4 事務所運営】

CAUに登録されている建築家の五一%は個人で活動をしているという統計(二〇二〇年:CAU発表)が示しているように、組織設計事務所を除いて多くの個人設計事務所は案件ごとに他の事務所や建築家とコラボレーションをする、いわゆるジョブ型の雇用体系が多いのが現状だ。またブラジルと日本の建築家の現状が大きく違うのが年代と性別で、全体の六一%が四〇歳以下の建築家で、さらに女性の建築家が全体の六四%を占めている点である

サンパウロの職場。パートナーアーキテクトと事務所をシェアしている

（二〇二〇年：CAU発表）。実際に隈事務所としても個人事務所としても専属スタッフは雇用しておらず、プロジェクトごとにスタッフと契約するが、協働するメンバーは個人、もしくは少数先鋭で活動する建築家たちがほとんどだ。

海外の建築学生や若手建築家たちはとにかく華々しく飾った履歴書やポートフォリオを送ってくる傾向が強いと思うが、私が選定する際に最も大切にしていることは話せる言語の数やセンス、コミュニケーション力ではなく、いかに謙虚であるか、その人の仕事に対する姿勢である。自分の意見を主張しなければ何も考えていないと見なされてしまう世界で育ってきたブラジル人相手だからこそ、逆説的に謙虚になり人の意見をしっかり聞くことが大事だと考えている。私が育った日本では「もっと主張をしなさい」と学校で言われてきたが、日本人として体に染みついた〝謙虚さ〟がここブラジルではむしろストロングポイントとなっている。

また女性が多いブラジルの建築界だが一つのプロジェクトを進める際はなるべく男女半々になるように意識してチームを構成するようにしている。ブラジルはＬＧＢＴＱが進んだ国の一つでもあるので、見た目だけでジェンダーを判断するのはなかなか難しいところではあるが、一方で多民族、多人種の子孫で構成された国家であるからこそ様々なアイデアが出てくるのもこの国の面白さである。

現在進行中の物件でいうと、東京ディズニーランド一五個分の敷地にリトリート施設をつくりたいという依頼から、三万平米の個人の別荘、ラーメンとバーを融合させた二〇〇平米程度のラーメン居酒屋、大都市で最近流行の一五平米から四〇平米のワンルームマンション一室、ファヴェーラの中のシェアハウスの設計など、その依頼内容は多種多様だ。

隈事務所で設計を行う場合は、基本的にローカルアーキテクトを契約し、現地の法規から敷地のコンテクストや現地の傾向まで共有したうえで、東京本社の担当設計者と打ち合わせを重ねる。案件にもよるが、設計作業は基本的に東京で行われ、東京から送られてきた計画を二人三脚でローカライゼーション（現地化）していくのが常である。一方、ブラジル特有の新しい素材を開発する場合などは、現地のアーティストや職人とコラボレーションをするために様々なチャンネルを用意し設計段階からコミットしていくのも私の主な役割である。

［Q5 日本との違い］

ブラジルでも建築設計業界で働く人は一般的にハードワークをしている建築家が多いが、それでも日本とはワークライフバランスが大きく違う。それはブラジルでは労働法で規定された労働者の権利として年間三〇日間の有給休暇があり、最低でも二〇日間は取得する義務があるためだ。

事務所のスタッフでもプロジェクトで協働する建築家でも、長期休暇を取ることが義務化されているため、どのタイミングで休暇を取るかのすり合わせを予めチーム内で行い、それを前提にプロジェクトのスケジューリングを行う。いくらプロジェクトが切羽詰まっている状況になったとしても、「明日から休暇だから後はよろしくね。チャオ！」とチームにもクライアントにも笑顔で自分の休暇を優先できる。それに対してクレームを付けるクライアントもチームメートもいない。

しかしそれが通用しないクライアント、特に現地の事情を知らない日本のクライアントの場合、最終的に板挟みになるのは現地の日本人であるため、休暇中のブラジル人メンバーの分の穴埋めをするべく残業や週末もなく働くということはよくあることだった。今まで散々両者のワークライフバランスと商習慣に苦しめ

ブラジルの先住民の一つであるメイナク族による木製のベンチなどのアート作品。日本のギャラリーなどにも置かれている

串揚げ専門店「Aguekazu」（設計：+5581 studio +Ricardo Miura Arquitetura/Design 二〇二四年）

られたが、幸いにも最近はクライアントがほとんどブラジル人であるためそれもなくなった。

一方で、プロジェクトが遅々として進まないということも茶飯事だ。一〇〇平米程度の店舗設計に一年以上掛かるというのはざらにある話で、だからこそ進行中案件を多く抱えていなければ経営的にすぐに経営不振に陥ってしまう事務所はたくさんある。それがゆえに、私は個人事務所としては建築設計だけではなく、コンサルタントや輸出入業務なども行っている。結果的に建築設計以外のことをやっていることでネットワーキングを通じて様々な方々と出会うことができる。たとえば日本へ輸出したブラジル先住民の椅子の関係で、先住民の方々と直接やり取りをしていたが、それが縁で別のプロジェクトでも彼らとコラボレーションをするようになるなど、点と点が線でつながり、最終的に建築として帰結する〝意図していなかった〟面白い展開が生まれている。

ライフスタイル提案型家電量販店「Fast Shop Lifestyle Ibirapuera」（設計：隈研吾建築都市設計事務所 二〇二〇年）

建築設計とはまったく関係のないことをやってみることで、横のつながりは以前よりも格段に広がったことを実感している。

【Q6 資格や金銭面での注意点】

ここ十数年で日本とブラジルの

物価はすっかり逆転してしまった。

ブラジルはかつて九〇年代、年間二〇〇〇%を超えるハイパーインフレの国だったが、九四年のレアル通貨導入計画により物価を安定させることに成功し、現在では四%台にまで落ち着いている。しかし毎年インフレに伴い物価も上がっていくし、従業員の給与も上がっていく。当然、施工では建材をなるべく早く買ってしまうのが総工費を安く上げる最適解で、業者は初回払いの割合をなるべく大きくしてキャッシュポイントの前倒しを希望してくるところがほとんどだ。

週末はリオのダウンタウンで生サンバを聞いてエネルギーチャージ

　またブラジルは世界でも有数の労働裁判が多い国であり、その数は一年間で一八〇万件を超え、日本の二五〇倍といわれている（二〇一九年時）。正社員を雇用せずにジョブ単位の契約をしている設計事務所が多いことは先述したが、労働裁判に対応する手間やコストが大きな負担になるのを避けるというのも大きな理由の一つである。

［Q7メリットとデメリット］

デメリットはないと思うし、むしろ上手くいかないことをデメリットと思った時点で日本へ帰国しているだろう。私が移住を決める際、ブラジルの設計事務所で一〇年以上働かれたことがある恩師から言われた言葉が「退路を断ちなさい。断てないのであれば行くな。あの国はそんなに甘い世界じゃないぞ」というシンプルな一言だった。移住を決めるか決めないか揺れ動いていた私の心に突き刺さる言葉だったが、あの一言がなければ私は決心できていなかったと思う。

　退路を断てばメリット・デメリットで物事を判断することもなくなるし、デメリットをメリットに変えられるような心意気がなければやってこられなかったということもある。一体、何度上司や現場の職人から「お前の国に帰れ」と言われたことだろうか。最初は凹んだ。当然である。だが、そんな一言一言にいちいち反応していたらこちらの気持ちがもたない。結果、何を言われても、何が起きてもそう簡単にはへこたれない精神力だけは育まれたかなと思う。

［Q8 今後の展望］

日本とブラジルの建築やカルチャー領域での交流やビジネスを促進することが自分の根幹にあることは、この先もブレることはない。私の場合、建築設計という強いこだわりがない分、今後もよろず屋的に様々な業務にチャレンジしていくが、実体経済のなかで人間臭く五感をフル活用してモノを媒介にしていくことは変わらないだろう。

また私のようにブラジルをベースにして建築やカルチャーを主軸に活動をする人材が皆無であるため、次世代の発掘と育成は今後最も力を入れなくてはいけないと思っているところだ。そのために日本とブラジル両国での講演活動は今後もより力を入れていきたいし、読者で興味がある方、もしくは知り合いがいらっしゃる場合はぜひ連絡をいただければ幸いである。

日本人唯一のブラジル国認定建築士として、ブラジル人に向けた日本の建築やデザインなどの講演も積極的に行っている

第三章　オセアニア

暮らしのなかのランドスケープデザイン

畑山明人
SMEC, Goot Local

「私たちのCountryは、大地・川・海であり人々・物語、そして過去であり未来です。それらすべてはつながり、それらすべては我々にとって大切なものです。Countryは我々を癒し、先祖、文化、歴史を私たちと結び付けてくれるのです。」

——先住民（ガナイカナイ族）の長老

二〇二六年コモンウェルスゲームズがメルボルンのあるビクトリア州で開催される。選手村や大会のための施設、そしてそれに伴うレガシーとなるまちづくりのプロジェクトだ。

ランドスケープのデザイナーとして参加した私を含め、大会議員、デベロッパー、都市デザイナー、建築家・土木エンジニア、行政からなるプロジェクトグループの初顔合わせの日。私たちは敷地であるビクトリア特有の茶色い草が広がるグラスランドに集まり、地元先住民の長老の話をディープリスニングするところから始まった。偏見や自然に湧き出るデザインアイデアなどは一切捨て、ただ長老の話に深く、共感の意をもって聞きいる。普段は意見を積極的に述べるオーストラリア人も、この日は誰もがプロフェッショナルな意見を控えめに、この日の主人公の話に耳を傾けるのみであった。

コモンウェルスゲームズは、イギリス連邦に属する国や地域が参加する四年ごとの総合競技大会で、五二の国と地域から七〇チームが集まるオリンピックに次ぐ規模のイベントだ。二〇二六年はビクトリア州で数ヵ所にわたって開催される予定で、私たちはランドスケープデザインマスタープランと詳細設計を担当した。

このプロジェクトでは、土地固有のオーストラリア先住民のチームとの密な連携でデザインを進め、主に大会後のまちづくりを念頭に置いた設計が求められた。コモンウェルスを含む官民連携のプロジェクトであったせいか、従来の不動産開発に比べて利回りの期待値をかなり下げ、公共空間の質に徹底したデザインプロセスが実施された。マスタープランにおける議論の焦点はパブリックスペースであり、オープンスペースのネットワークやそのスケールを最適化するため、区画のデザインは数え切れないほど何度も改善された。このように、緑地空間を第一に据えて進められるマスタープランは、ランドスケープアーキテクトにとって理想的なデザインプロセスであった。

また、設計の各フェーズで著名建築家・ランドスケープアーキテクト・大学の教授からなる専門家集団へのデザイン講評会が設けられた。最初の発表で私がプレゼンしたのは、コンセプトデザインではなく、この土地の人たちにとっての「Country」が何を意味するのか読み解き、共有していくことだった。リサーチを通じて、特に惹かれていったのが、先住民族の自然や動植物を深く理解した生活実践だった。

私たちは、こういった彼らの知恵を「先住民族のエンジニアリング」というフレームワークでプレゼンした。「エンジニアリング」という言葉をあえて使うことで、オーストラリア先住民への原始的とか未発展というような偏見を払拭しようとしたのだ。

たとえば、木の皮やわら等の身近な素材で容易にできる建築は、定住しない彼らの生活に適していた。また小川の石を並び替えることのみでつく

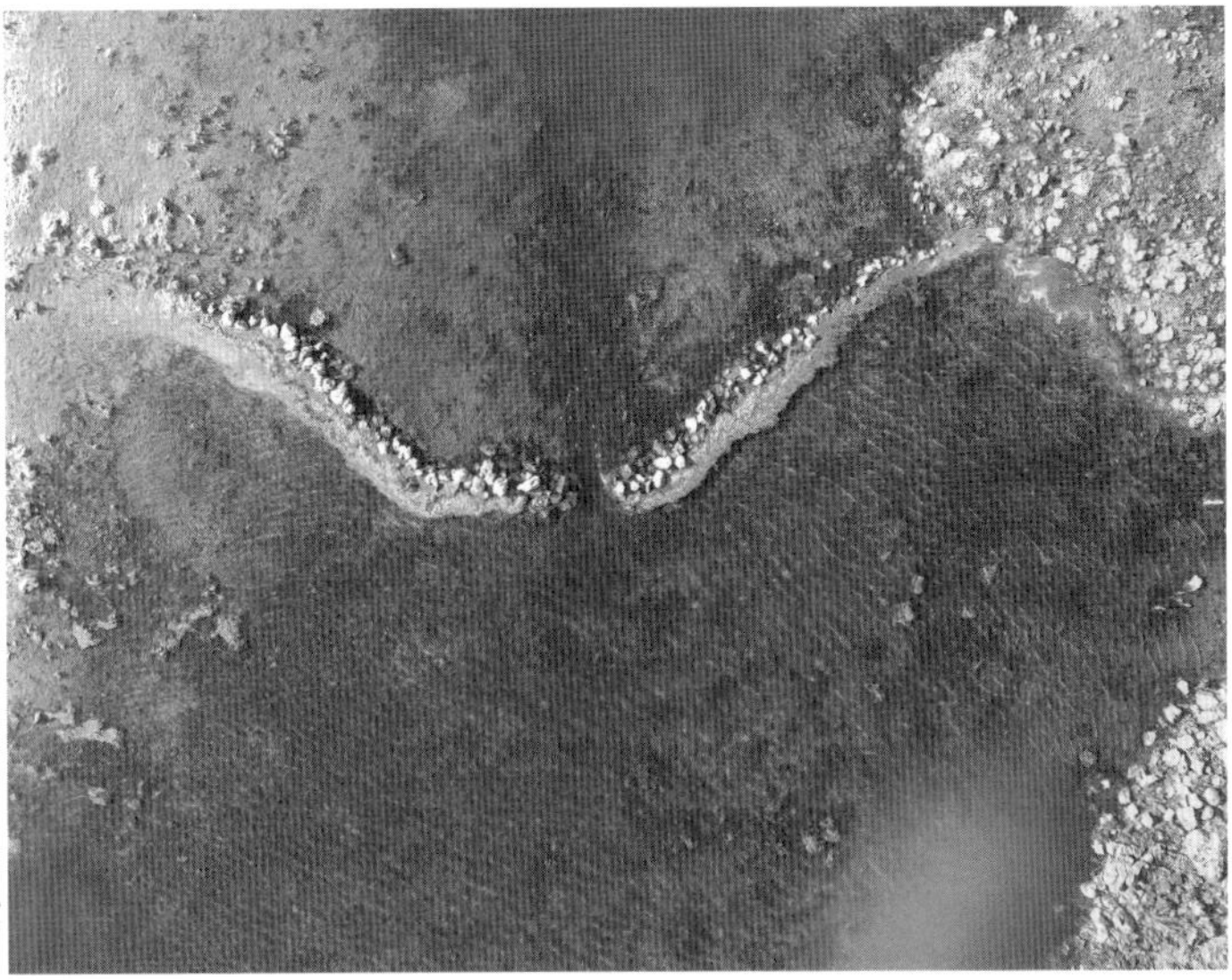
オーストラリア先住民による世界最古のアクアカルチャーシステム・猟場

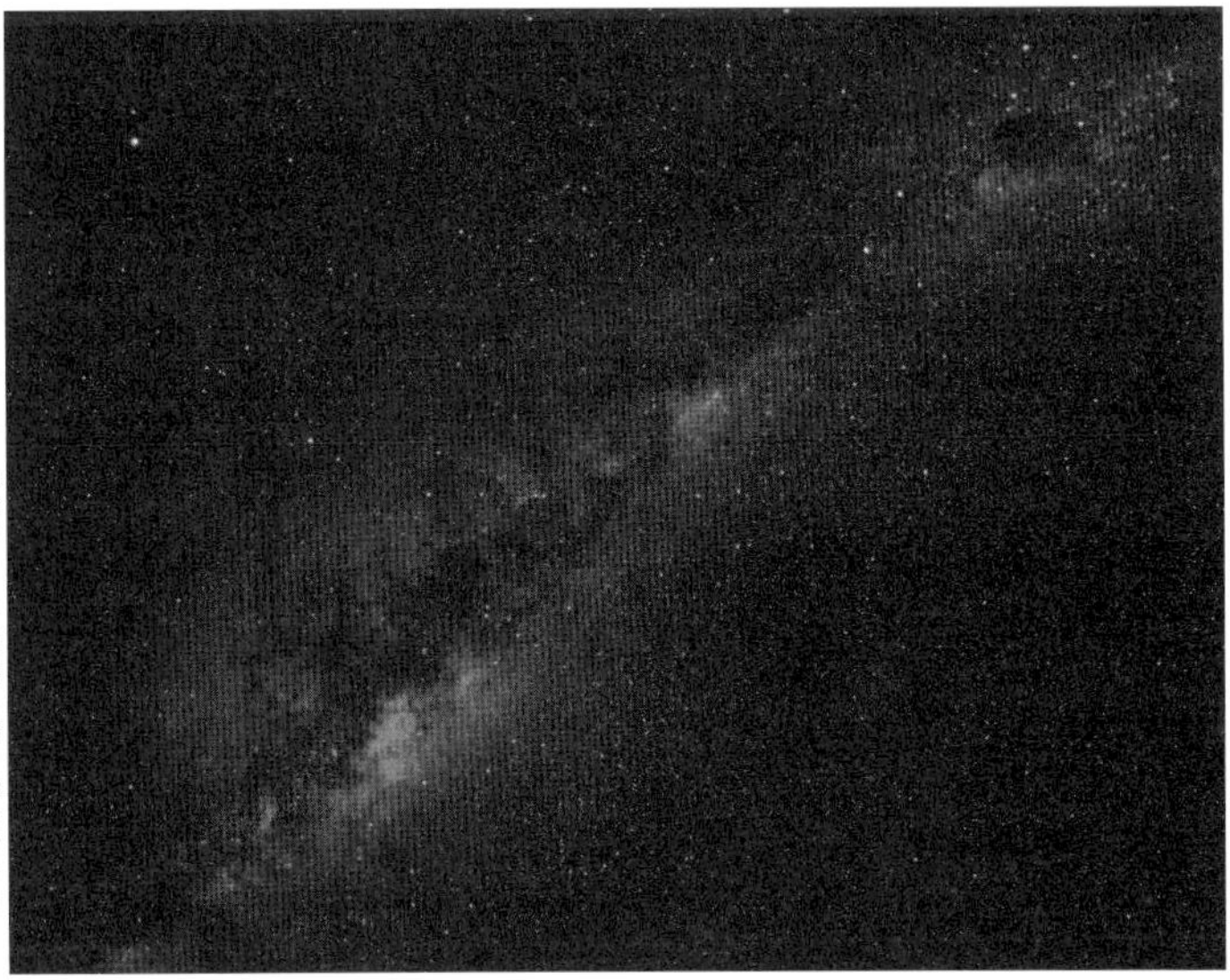
先住民は、夜空に描かれるエミューの姿をもとに物語を語り継いできた

り上げられた漁場は、自然に対する深い理解を表したランドスケープデザインと言えた。さらに彼らの生活では、特定の星座が夜空に現れることで狩猟や採集のタイミングを決定していた。この天体を読み取る技術や知恵は、物語を通じて口承で次世代に伝えられ、その物語には動植物を尊重し、破壊しないという倫理が深く埋め込まれていた。

こういった概念は、環境倫理を学んだというより、環境への深い思想が込められたジブリ映画から強い影響を受けた私にとって、非常に共感しやすいものだった。勿論こういった概念はジブリ映画の由来となる神道にも深く通ずるところがあり、私のみならず、多くの日本人にとって深く共感できる思想だと思われる。

その後、私たちは週に一度もしくはそれ以上の頻度で、先住民のチームとワークショップを重ね、共同でデザインを進めた。最終的にはこの敷地が土地の先住民の「Country」を抽象するデザインとなり、世界から訪れる選手や訪問者が、土地固有の土着文化を体験できるようなマスタープランに仕上げた。

オーストラリアでは、先住民の地権や文化の保護に向けた取り組みが益々加速している。そうした社会や政治の動向と共に、都市開発や緑地計画の分野においてもガイドラインや法的な整備が急速に進んでいる。現在、そして今後のオーストラリアでの設計活動（特にパブリックスペース）においては「Country」の概念を理解し、先住民の視点や価値を尊重しながらデザインをすることは何よりも重要な要素の一つと言える。

「ランドスケープマスタープラン」（設計：SMEC 二〇二六年竣工予定）

メルボルン郊外に設計した公園。日常の空間に遊び心を散りばめた

畑山明人に尋ねる

―

メルボルンで事務所勤務と個人活動を両立するためのQ&A

畑山明人：上智大学比較文化(現・国際教養)学部比較文化学科卒業後、渡豪。二〇一四年~メルボルン大学非常勤講師、SMEC。登録ランドスケープアーキテクト、Permaculture Design 資格取得。Goot Local(グッとローカル)として自然に寄り添った暮らしのデザインと実践を行う。

[Q1活動内容]

オーストラリアのメルボルンでランドスケープアーキテクチャーに取り組んでいる。

多拠点が本書のテーマだが、私の場合は「場所」というより「アプローチ」における多面性に焦点を当てる。

一つ目は都市・建築業界におけるランドスケープアーキテクトとしての設計活動だ。ランドスケープは扱うスケールの幅がとても大きくプロジェクトの種類も多様なため、屋外空間すべてに関わる計画や設計と言える。個人住宅のような小さいスケールから始まり、中規模としては街の広場、公園や駅などのパブリックスペースである。広域なスケールではメルボルンが位置するビクトリア州(日本の国土の約六五%くらいの大きさ)に点在する国立公園などを敷地としている。

プロジェクトの多くはメルボルン周辺だが、オーストラリア全土にあり、稀に国外のプロジェクトも扱う。

コンセプトからディテールまでの設計活動を中心に、施工管理・メンテナンス管理・プロジェクトマネージメントが日常の業務になる。また若手社員のメンターや大学とのインターンシッププログラムのコーディネートなどマネージメントに関わる業務もしている。竣工数は約五〇くらいだろうか。

そしてもう一つの活動が日々の暮らしとして取り組むランドスケーアーキテクチャーである。設計事務所ではプロジェクトの規模が大きくトップダウン的なアプローチで、物理的にとても大きなインパクトをもたらすことができる。できるだけ多くのプロジェクトでステークホルダーの意見を取り入れ、ユーザーの場の使い方等を汲み取りながら設計を進めていくが、やはりそこには限界を感じる。

私が好きなランドスケープや都市空間の多くは、住み手や使い手がオーナーシップをもって、自分たちでつくり上げている場所である。人の生活における必要性と自然の生態的な仕組みが噛み合い、循環することで生まれる風景に魅了される。個人的には八年ほど前にメルボルンの都心を離れ、自然に寄り添った暮らしを始めた。自分たちの生活自体にしっかり時間を掛けることで、私の理想的なランドスケープデザインに生活実験として取り組んでいる。

そしてこの二つのアプローチの架け橋として、メルボルン大学における講師の活動がある。最近では Landscape Architecture as Everyday Life(日常生活としてのランドスケープアーキテクチャー)というテーマで修士号の卒業設計を担当している。建設業界から関わる都市は、信用経済を基盤とする金融市場の投資プロセスの一形態と捉えることができる。しかし、そのなかで職業としての場づくりだけでは届かない領域があると感じることもある。この授業では「私たちの何気ない日常の連続が、どのように都市やランドスケープを育むのか?」というテーマを探求し、実験的に取り組んでいる。

[Q2 活動のきっかけ]

大学生のとき、一年間住んだアメリカのシカゴで建築や都市に大変興味をもった。そのため、計画やデザインを学びたくて畑違いの自分が他大学の研究室に押し掛け、授業やプロジェクトに無理を言って参加していた。そのなかのある研究室の教授が、彼の学生でもない私にメルボルンのアーバンデザインについて話してくれたことが、メルボルンを知るきっかけだった。

それまでオーストラリアに行ったことはなく、メルボルンの名前すら聞いたことがなかった。当時の印象としては旅先で知り合った友達が、半年掛けてオーストラリアを一周し、その自然の雄大さを語っていたこと。

インターンの学生と毎年行うSMECでのリサーチプロジェクトの様子

週の終わりは仕事を早く切り上げ、SMECチーム内でのソーシャルの時間

ドキュメンタリーフィルムや書物を通じて関心を抱いていたアボリジニ文化。そして当時は情報が少なかったパーマカルチャーについて、糸永浩司教授が執筆していた学術文献。この三つがかなり偏ったオーストラリアに対するイメージであったといっても過言ではない。

話を聞いてあまり深く考えずに、メルボルンで学びたいと思ったことを覚えている。その後、幸運にも現地で仕事に就き、生活スタイルも自分に合っていたため、いつの間にか二〇年近く経っていたというのが現状だ。その間を振り返っても、結局自分が当初もっていた先入観でのオーストラリアのイメージのなかで活動してきたように思う。現在でも当初からの興味や関心はあまり変わっていないようだ。

【Q3 就職までのプロセス】

メルボルン大学院に在籍中、先生の紹介で個人事務所にて週二日程度バイトをしたのが初めての実務だった。しかし私の修士課程の卒業がリーマンショックの直後だったせいもあり、就職先はまったくと言っていいほどなかった。焦ってもしょうがないと、同級生の仲間数人で予定も期限もない旅に出た。オーストラリアの国立公園を転々とキャンプをしながらのロードトリップだ。そこで見たオーストラリアの壮大な自然。多様な植生、さらにシュノーケリング、トレッキング、釣りや毎日のキャンプ料理などの自然体験は、その後の生活や趣味に大きく影響した。そしてこの旅で訪れた多くの国立公園を通して、手を加えすぎず自然を主役にするデザインやオーストラリアの広大なスケールに適した設計スタイルを学んだ。

不景気で仕事がなくバイトをしていた時期に、運良く仕事の話が来た。またもや学生時代のバイト先の社長の紹介だった。初めての就職先は小さい家族経営のような事務所だった。オーナーの子が出入りしたり、奥さんは子育てをしながら柔軟な働き方をしていた。その次にもう少し大きめのアトリエ系事務所に七〜八年ほど勤務した。ランドスケープを中心に都市計画やアーバンデザイン、グラフィックデザインの部署で構成された事務所だった。建築や都市計画の会社に付随してランドスケープアーキテクトが所属するオフィスは多いのだが、その点ここは珍しかったと思う。また自分の上司の半分以上は女性で、彼女たちの多くが子育てをしながらフレキシブルに働く人の多い環境だった。

海外移住において皆が必ずと言っていいほど直面するのがビザの取得と維持の問題だが、私の場合はこの会社にスポンサーをしてもらい永住権を取得した。卒業後五〜六年掛かったが、もっと早く取れる人もいれば取れないで帰国する人もいる。個人の生活事情と度々変わるビザの法律とのタイミングもあるかと思う。

暮らしにおいては、この間ずっと自転車で行動できる都市圏内のシェアハウスで過ごしていた。シェアハウスは金銭面で助かるのはもちろんのこと、現地の人との日常生活を通して文化やコミュニケーションを学べるとても良い機会だった。オーストラリアでシェアハウスはとても浸透しているので、様々な年齢層や生活スタイルがあり、シェアハウスにも個性がある。多くの選択肢から自分に合ったものを選べるのでとても良い。

その後は自然豊かな場所で、より循環型の生活デザインやその実践をしていきたいという思いがますます強くなり、田舎に引っ越すと同時にパートタイムかつリモートで働くことを条件に転職先を探した。現在の勤め先は、当時から働き方のイノベーション等を推奨していたこともあり、自分の希望を快く受け入れてもらえ、週四勤務で週三出勤というかたちで働き始めた(コロナ禍でオンラインで働くことが日常になるもっと前のことだ)。

「三〇代半ばでリタイアか?」というまわりの声もあったが、自然に寄り添った暮らしの実践はとても時間と労力が掛かる。この生活になり、以前より遥かに余暇時間は少なくなった。ただ、貨幣経済から家庭経済(household economy)へシフトしてゆく大きな一歩であると共に、ランドスケープアーキテクチャーを暮らしのなかで実践できる充実感がある。

[Q4 勤務先について]

現在はSMECという総合コンサルティング会社に勤務している。都市開発、インフラ、環境保護などの分野でのプロジェクトが多く、土木、構造、交通、環境等のエンジニアやプロジェクトマネージャーが多く在籍している。私が所属する計画・デザインチームは都市計画家、アーバンデザイナー、建築家、ランドスケープアーキテクトの約四〇人で構成されており、会社内では小規模な部署になる。そのため分業というよりも各メンバーが複数の役割を担うことができ、プロジェクト全体の視点をもって仕事を進める体制が取られている。

私自身もプロジェクトの種類や規模、そして自分の抱えるプロジェクトの数に応じてその都度、立ち位置を変えながら仕事に関わっている。主にはデザイナー、デザイン監修、プロジェクトマネージャー、プロジェクト総括などを担当している。

現在の私の立場である Principal Designer としては、自分の抱えるプロジェクトの他、チーム全体のデザイン性を高めるという役割も担っている。そのためにも役職に関わらずデザインの意見交換ができるように、チーム内のフラットな関係づくりを意識している。たとえば週に一度、勤務時間内にカフェでミーティングをすることで、仕事とは関係のない話を交えつつ、プロジェクトの話もできるような、インフォーマルで和む場を設けている。また各メンバーがプロジェクトとは別にチームづくりへの貢献として、それぞれで課題を決め、取り組むことを奨励している。その成果もプロジェクトの実績と同じように評価される仕組みができる。これにより、役職に関わらず、すべてのメンバーが自分の抱えるプロジェクトと同じように、チームへの貢献が日常業務として培われるようになってくる。

　私のチームのプロジェクトはランドスケープアーキテクトとして独立して関わるタイプ、都市計画とアーバンデザインが加わり部署として関わる仕事、そして土木や交通等のエンジニアと一緒に会社のより大きなチームで関わるタイプの仕事が約同等の量である。それぞれの部署が戦略的に関与するプロジェクトに応じて、会社の内外からチームを柔軟に編成してプロジェクトに臨む。SMECはコンペの参加は比較的少なく、デベロッパーや行政の入札によるプロジェクトが主要になっている。

先住民アーティストと共に設計した駅の広場（設計：SMEC 二〇一九年）

　オーストラリアは移民大国だ。最新の国勢調査によるとメルボルン市における、人口の半分以上は国外で生まれた人で構成されている。同じ様に、私の職場も多文化・多言語の環境で成り立っている。細かいコミユニケーション方法や礼儀はもちろ

身近な自然素材のみで行う公共の河川敷の補修風景（設計・施工：Goot Local 二〇二二年）

んのこと、英語の能力も千差万別だ。こういった状況でこそ、個人的には言語や文化の違いを日常業務であまり気にしないし、実際のところ気にならなくなった。それぞれの異文化をもつ人が、共通の言語である英語とオーストラリアという環境で一緒に働くことで、振る舞いや細かなマナーよりもお互いの誠意や心を重視する働き方が自然と身についているようだ。

【Q5 日本との違い】

「お客様は神様」というのは極端にしても日本におけるお客様とサービス提供側の関係性は世界的に見ても独特だと感じる。その究極が茶道に表れているようにも思うが、日本ではその場の状況や相手との関係性に合わせて所作や言葉遣いを細かく使い分けることが求められるようだ。極めて繊細で成熟した文化だと感じる。

海外でカフェに行くと、友達のようにカジュアルなスタッフとお客さんの会話を目の当たりにしたり、お客さんとして手厚く扱われなかった経験がある人は多いのではないだろうか。オーストラリアでもこんな風にクライアントとサービス提供側の関係性はとてもカジュアルで、日本とは大きく異なる点である。

ランドスケープアーキテクトとして駆け出しの頃の話だ。新しいプロジェクトが始まる際の各コンサルタントとクライアントの最初のミーティングで会話が進むなか、遅れて一人のエンジニアが部屋に入ってきた。入るやいなや「遅れてすみません」と簡単に謝った後、空いた席に着くと自分の名刺を取り出し、テーブル越しに手裏剣のように一人ずつに投げていった。その光景に衝撃を受けまわりの反応を見回したが、驚いていたのは私だけのようで、何事もなかったかのようにミーティングが進んでいったのを覚えている。

プロジェクトにおいても、日本でのサービス提供側は、何か問題があればお客様にトラブルを気づかせない程の気配りと事前調整をもって、舞台裏で問題解決するような繊細さが求められているように思う。逆にオーストラリアでは、クライアントとサービス側の立場が表面的にはもっと対等で、一緒にプロジェクトを進めながら共に問題にぶつかり、共に解決していくという具合だ。

現場で施工管理の業務をしているときにテクニカルな問題が起こったことがあった。そのときは問題が小さかったため、私はクライアントには知らせず、自分たちと施工会社で水面下で解決した。しかし後になってクライアントがその問題を知ったときに「なぜ自分に報告しなかったのか？」と嫌な顔をされた。無駄な心配をクライアントにさせないという気配りで動いたプロセスが、クライアントに情報を隠したと映ったのかもしれない。多民族国家であるオーストラリアでは、仕事のやり方にも個人差が大きいのは前提だが、関係性において細かく所作や言葉遣いを相手に合わせて変えるというよりは、フラットな関係でチーム全体でのオープンなコミュニケーションやコラボレーションが好まれているように思う。

一方、自分がサービスを受ける側になると、このカジュアルさが厄介になることも少なくない。下請け業者がこちらのニーズを察して動くことはもちろんないし、トラブルが起きても積極的に対応してくれないことは日常茶飯事である。そのため施工会社と定期的なミーティングを設定し進歩状況を確認したり、明確な指示やこちらの期待値の共有をするといった工夫を必要以上に心がけている。日本のような「暗黙の了解」は一切期待せず、当たり前と思うような点まではっきり伝えることが必要だ。

【Q6 資格や金銭面での注意点】

ランドスケープデザイナーとランドスケープアーキテクト（以下LA）の違いはよく誤解されがちである。前者は特別な資格を必要とせず、主に個人宅の庭や会社のコートヤードなどの私有空間をデザインする。一方、LAは公共空間を主に扱う。行政やパブリックスペースのプロジェクトには、LAの資格が必要である。この資格を得るには、まずオーストラリアLA協会（AILA）認定の大学で学士号または修士号を取得し、実務経験を積む必要がある。その後、登録したシニアの元で二年以上のトレーニングを受けることで、登録LAの試験を受ける資格が与えられる。

大規模なプロジェクトや行政主導の案件では、この登録資格が必須であることが多い。資格がない場合は登録LAとチームを組んで入札する人もいる。

国民年金制度としてはオーストラリアではスーパーアニュエーションと呼ばれ、退職後の生活を支えるための年金貯蓄プログラムがある。給与から毎回十一%が自動的に引かれ、個人の年金アカウントに入る。六〇歳を超えないと引き出せないが、資金運用には税金が掛からないため、必要以上に貯蓄する人も少なくない。この制度はすべての人に必須でまたお金の流れに透明性があり、個人的には非常に良いプログラムだと考えている。

【Q7 メリットとデメリット】

オーストラリアでの活動で私が好きな点は、オーストラリアの人々がプライベートの時間を非常に大切にしていることだ。これは当たり前のこととして受け入れられている。就職して間もない頃、大事なプロジェクトの締め切りが迫っていた。上司は「絶対にこの日までに提出しなければならない」と言い、チームで忙しく働いていたのだが、午後六時になると完成前にもかかわらず、次々と皆が帰っていった。高い目標を掲げても、諦めも早く、気持ちが良いくらいである。オーストラリアでよく耳にする「You can only do what you can」という言葉は、直訳すると「人は自分ができることしかできない」だが意訳すると「できる範囲でやる」となる。つまり「勤務時間内で頑張ったけれど、時間がきたので帰ろう」といった感じである。仕事は勤務時間内にしっかりやり、その後は家族や友人、趣味の時間にあてるというスタイルだ。

一方で、真面目で責任感の強い日本人にはこの文化に苦労することもあるかもしれない。当時の私も皆が帰った後も一人だけ残って残業する日が多くあった。

［Q8 今後の展望］

前述したような業界におけるランドスケープアーキテクチャーの実践と、デザイン＋施工＋利用が一つになった「暮らし」を両立することが今後の目標だ。そのなかで双方をよりスケーラブルにしたいと考えている。

　プロジェクトが大きくなれば、日常で感じる繊細な感覚や体験を汲み取ることが難しくなる。たとえば現在、「サウジ・ビジョン2030」の一貫として進められている巨大プロジェクトのマスタープランに取り組んでいる。六〇万人を収容するフェスティバルグランドのデザインである。トップダウンなアプローチを必要とするこのようなギガプロジェクトにおいて、いかに前述したような「日常を織り成す風景や触感」を汲みとるのかという点に興味がある。ヒューマンスケールを超え、微生物のようなミクロなスケール、そしてそのミクロな世界の集合としてつくられるマクロ世界。さらにはそれらのスケールを超えて広がるネットワークのなかに、いかに自分たちの些細なデザインを介入させるかという観点に立つことが大切だ。

「サウジ・ビジョン2030」の一貫として設計している、フェスティバルグランドの敷地（二〇二七年竣工予定）

　逆に日々の自然のなかでの生活を通じたボトムアップなアプローチでは、小さなスケールを体験することはできても、地域のようなよりマクロな領域に波紋を広げるのは容易ではない。メルボルンの都心を離れ、自然豊かな地域へ移住した当初から、水の土壌浸透を意識して地形や水路のデザインを敷地全体で取り組んできた。オンラインで働く昼休みなど、毎日の僅かな時間を利用し地面に穴を掘り、生物濾過池をつくることで敷地全体の水を川に入る前に水質改善するようにした。また近年では、植物の成長に必要な土壌が急速に失われており、環境破壊の根本的な問題とも言える。失われている土壌は地球全体で毎秒七四トンに達すると言われていて、一年で失われる土壌を取り戻すのに最低一〇〇年掛かるとされている。私はこの土壌流出を防ぐため、日常的に公共河川の土手の補修も行っているが、その際には丸太、剪定枝、枯葉などの身近な自然素材のみを使うことで、誰もができるメンテナンスの容易さを特に意識している。最近では点としての自分の敷地だけではなく、流域など敷地を超えたスケールをより意識して活動している。

　自然に寄り添った循環する生活をスケーラブルなものにするには、より多くの人で取り組む必要がある。エネルギーの効率化、コモンズのような共有地や資源の利用は、都心に多く見られるような一世帯一〜二人の世帯構成では極めて難しいと思う。私は現在は少し大きめの土地に妻と息子の三人一世帯で暮らしているが、前述したような考えのなか、土地をシェアして敷地に対する世帯数を最適化したいと考えている。エコビレッジ等の大きなコミュニティづくりといった大層なことは考えていない。似た価値観を共有できる仲間と、土地の特徴・大きさ・暮らし方に合った人数で、家族の延長線上のような暮らしの実践である。まずは、ということで現在3LDKの我が家をダウンサイズし、二世帯住宅にセルフリノベーションをしている。将来的には多様な家族形態をもつ三〜四世帯程での暮らしが、我が家では最適なのではと考えている。それも暮らしを進めながら、柔軟に調整していきたい。Landscape Architecture As Eveyday Life を実践しながら。

メルボルン郊外の学校キャンパス（第一期 二〇一九年）。屋外教室を点在させ、土壌浸透・微生物浄化を取り入れた循環型デザインを導入

第四章　アジア

地域の人々との交流を大事にした設計活動

小嶋伸也
小嶋綾香
小大建築設計事務所

私たちの活動の転機となった仕事に「大山初里《ダーシャンチューリー》」（二〇一九）という宿泊施設のプロジェクトがある。大山村とは浙江省《せっこうしょう》桐廬県《とうろけん》に位置する中国でも近年問題となっている限界集落の一つで、深い山奥の裾野にある三〇戸程の集落である。この村に六棟分の開発許可を所得した四〇代の夫婦からの依頼で、集落の中に点在型の宿泊施設をつくった。

このプロジェクトでは、過去の設計業務で関わってこなかった領域に、設計者としてクライアントと共に関与することとなった。まず限界集落のため、施工の前段階では土地や建物の所有者との交渉、材料運搬経路や建材保管場所の確保など、村と村人または村を離れた人とコミュニケーションを取る必要があった。施工の現場事務所として空き家を提供してもらう、職人の泊まる場所を提供してもらう、朝昼夜に職人への食事を提供してもらうなど、施工会社が行うような段取りを自分たちで行う必要があり、設計開始から村人との共存が始まった。

その結果、僕らの現場定例は村の空き地で青空会議で行われ、昼食は村人のお母さんがつくる手づくり麺を空き家の中で啜ることになった。そんな至近距離で村人との関係を築いていくなかで、クライアントは村人が育てる鶏の卵をホテルの食事用に分けてもらう約束や、清掃業務を依頼する約束を交わしていった。

すべてを都心からもってくるというスタイルではなく、村と宿泊施設との間に互いに無理のない融合・共生が生まれていった。設計者の僕らもこういったプロセスのなかに入っていくことで、この村の生活習慣や風土をさらに深く知り建築の設計に落とし込んでいく。都心で経験している地域

上：地元出身の職人たちと会話をしながら　中：青空会議の現場定例の様子　下：宿泊施設と農村に境界線はなく、ヤギも部屋の前まで来ることも

住民への設計説明とは違う、交流をすることで生まれる設計、運営での重要性を感じる体験であった。

また施工や監理についても普段通りの立ち回りとはいかない。いわゆる施工会社はこの村の近くにはないため、施工で使用する建材の入手販路や運搬経路にも気を使う必要があった。あるときは都心から運ばれてきたフローリング材は山道が険しすぎるからと、山の入口に放置されたこともあった。建材はできる限り周辺地域で手に入る地元の自然素材を中心にリサーチして組み立てた。

職人の確保についてはさらに困難を極めた。苦肉の策として村人にも施工に協力してもらうことにしたが、それでも働き手は足りないので、彼らの息子や親戚、既に村を離れた出身者にも声を掛けてもらい施工に参加をしてもらった。都心部の施工精度は高い中国ではあるが「この状況ではまともなものは建たない」と、僕らもできる限り現場に足を運び、彼らにレンガは奥目地にしてほしいなど細かい施工の要求を伝えた。この村への思い入れのある彼らは手間暇を惜しまず施工してくれた。さらにこの村の建築づくりを熟知している職人との会話で、たとえば外壁の土壁の亀裂誘発目地の役割は小石を投げてプツプツと石穴を開けるのが地元のやり方だと教わった。僕らも現場で塗り終わった直後の土壁に向かって小石を一緒に投げ、これがとても良い風合いになった。

一般論から言えば無理難題なプロジェクトであったが、できあがったものは技術的な作為がなく人間味があり美しかった。海外のどんな過酷な条件のプロジェクトであっても、一緒に前を向いて情熱を注いでくれるクライアントがいて、真正面から向き合えば必ず良いものはつくれるんだと、私たちに大きな勇気をくれたプロジェクトでもあった。今年で五年が経ち、宿泊者もここには何もないが、美しい景観、この地で育まれた素材から感じる温もり、フレッシュな食材や村人との交流に感動してもらえていると聞く。春に上海事務所のメンバー全員で宿泊に訪れたが、建築自身が経年により味わいを増して村に馴染み、またこの集落の重要なコミュニティとなっていることを感じた。

瓦、レンガ、土壁、石、竹、この地域で手に入る自然素材の風合いを生かすことで、この地域の環境と建築の調和を図る

一階の室内からテラスを望む。地元で取れる素材でフレーミングされる美しい景観

建築も運営もホテルだけで完結するのではなく、この集落のなかに溶け込み村人と共栄することを大切なテーマとしている

小嶋伸也と
小嶋綾香に尋ねる

上海と東京で設計事務所を運営するためのQ&A

小嶋綾香：一九八六年京都府生まれ。二〇〇九年TEXAS A&M University 建築学科卒業。二〇一二年SCI-ARC（南カリフォルニア建築大学）修了。二〇一三〜一五年 隈研吾建築都市設計事務所。二〇一五年（株）小大建築設計事務所共同設立。

小嶋伸也：一九八一年神奈川県生まれ。二〇〇四年東京理科大学理工学部建築学科卒業後、アナログで手探りな関係や風潮、土着的な建築に惹かれ、中国大連にてフリーランス。二〇〇八〜一五年隈研吾建築都市設計事務所、二〇一五年（株）小大建築設計事務所共同設立。二〇二一年〜東京理科大学非常勤講師。

［*Q1* 活動内容］

小大建築設計事務所（kooo architects）は東京と上海の二都市を拠点にした設計事務所である。

外国人が経営する外資系設計事務所は上海や北京など主要都市でプロジェクトの依頼を受けることが多いのだが、私たちは日本人が代表を務めているのにもかかわらず、中国人も聞いたことがないようなローカルな土地での仕事にも呼ばれているのが特徴と言えるかもしれない。日本においても東京に限らず地域の風習が残るエリアから近年声を掛けていただくことが増えてきた。

この流れは私たちが過去に地域の風土や個性を活かした設計に多く携わってきた影響があると思う。その他近年では韓国、フランスと少しずつ日本と中国以外の国での仕事も声を掛けていただき始めたところだ。

進行中のプロジェクトは三〇件ほどで、日中共に新築の宿泊施設、住宅、商業インテリアを多く手がけている。また日本ではスポーツ施設、中国ではゴミ収集車整備及び管理事務所施設の公共建築も手がけている。機能や規模が多岐にわたるのも弊社の特徴だ。

また三年前から「一畳十間」という「一〇〇〇年後も日本人の感性と住まう豊かさ」をミッションとしたブランドを展開し、住宅のリノベーション設計の他に、日本の伝統技術や職人の手仕事を紹介するギャラリーを運営し、地域の方との交流を図っている。ブランドを運営することで事業者側の思考や想いにさらに共感できるようになり、竣工までの一時的な設計の関わりではなく、竣工後から始まる長い並走を考えた設計をしている。

上海事務所の設計士のみんなと「大山初里」にて

［Q2 活動のきっかけ］

私が東京理科大学理工学部に在学していたときは、小嶋一浩教授の教育の影響で、建築家にとって海外のフィールドはとても身近な存在だという印象を常に抱かせてもらっていた。見応えのあるポートフォリオと少しの英語が話せれば、好きな国の好きな建築家の元で仕事ができると教わっていたので〝El Croquis〟を開いてはワクワクしながら就職先を探すような目で見ていた。

　そんななか、一学年上の慕っていた先輩（加藤諭）から、学部四年の夏休みに一度中国に遊びに来ないかと声を掛けてもらった。そこで実際に訪れた二〇〇三年の中国で、加藤さんに小さな現場を見せてもらった。日本での、ゼネコンが完璧に段取りするという施工のイメージが完全に

上海事務所の日常の風景

覆る光景だった。ただ乱雑にも見える現場だが、人がその場にある素材を手に取り建築をつくり上げていく光景は、「自分でも理解できる」と感じ「ここ中国が今の自分が一番欠けている経験が学べる場所だ」という直感を信じて中国に飛び込もうと思った。

中国語も話せない状態だったが、辞書を四六時中持参して無我夢中で三年間加藤さんと働き、その後中国でも活躍の場を広げていた隈研吾さんに拾っていただきさらに深く中国に関わっていった。

自社リノベーションブランド「一畳十間」の「回廊の家」

【Q3事務所開設までのプロセス】

隈研吾建築都市設計事務所に勤務した七年半の間に民間企業の大型案件「アリババ・グループTaobaoCit」(二〇一三)、デベロッパーの複合開発案件「三里屯SOHO」(二〇一〇)、大学の博物館「中国美術学院民芸博物館」(二〇一五)と幸いにも毛色の異なる大型物件に携わり竣工させることができた。これらの仕事はその規模や重要性などから構想から竣工まで四〜五年の年月が掛かる。当時、充実感を感じながらも担当していた

独立して最初に設計を依頼されたカフェ

プロジェクトの区切りが同時に来たタイミングで退職を申し出た。

事務所の開設方法もまともにわからない状態だったが、まずは仕事がないと話にならないなと思い、中国版のLINEに相当するWeChatというアプリで自分が退職して独立をする旨を投稿した。すると、以前カフェで隣に居合わせて連絡先を交換した中国人のプロサッカー選手(たまたま僕が日本語で話していたら、監督が当時岡田武史さんだった杭州のプロサッカー選手から声を掛けられたという奇跡)から連絡をもらった。契約満了で引退し、セカンドキャリアとして飲食界に進出するからそのカフェを君にぜひ設計してほしいという依頼だった。

幼少期からずっとサッカーをしてきた自分らしい縁だなとすぐに「ぜひ!」と返事をし、設計依頼を受けたのが独立して初めての仕事になった。その後そのカフェを見た方が、居心地が良いとホテルの設計を頼んでくれるなど、口コミで仕事が広がっていった。

事務所開設の事務的な側面では、幸運な出来事があった。私たちの設計力を支持してくださった香港のデベロッパーのTimさんという方が、彼の事務所の一部をアトリエとして間借りさせてくれ、初めて上海にアトリエを開設する足掛かりを得ることができた。また東京でも昔アルバイトをさせてもらったヌーヴェルヴァーグという美術会社の赤石社長がオフィスを間借りさせてくれ、駒澤公園の近くにオフィスを構えることができた。振り返ると事務所スタート時に二人のような人との縁があっての今だと思う。事務所スペースの支援に留まらず、不慣れな特に中国での設計事務所の経営のノウハウを学ばせてもらえたことはとても貴重な経験だった。

上海事務所のランチの様子。出前で頼む中華を皆で雑談しながら一緒に食べる

東京事務所のランチの様子。畳の上でしのさんの手づくりランチをみんなで食べる

［Q4事務所運営］

事務所には上海一四人東京二〇人の計三四人が在籍している。上海はバックオフィス社員が一名、日本は二名でそれ以外は全員が設計士だ。現地の言語や文化を尊重したいという思いから、それぞれの事務所では中国語と日本語がメインの言語で、上海事務所に在籍する三名の日本人社員も中国語を話し、中国語でコミュニケーションを図る。

会社の経営方針に関わる、プロジ

ェクトの人員配置、採用、教育など重要な内容は主任のメンバーと隔週で打合せをし、トップダウンにならないよう意見交換をして決めている。

プロジェクトの依頼は中国ではHPやSNSを見たという飛び込みの依頼が日本よりも活発だと思う。竣工物件がメディアに掲載されると何かしらのリアクションがある。そういう市場の大きさやまずは連絡をしてみようという国民性に駆け出しの頃は非常に助けられた。また仲間内で良い情報はシェアをするという意識が高く、私たちが取り組んでいるプロジェクトの半分以上は一度仕事をさせていただいた事業者や、その方々からの紹介というケースが多い。

最近では「一畳十間」で明確なブランドの想いを伝えると、その想いに共感してくれたクライアントからの依頼が生まれるという学びから、設計への想いをしっかりと伝えるよう、HPではthoughtsというページをつくり、設計でどんなことを大切に考えているか書いている。そうすることで想いに共感して設計を依頼してくださる事業者が増えている。

事務所の規模が大きくなると同時に、設計の質を保つために定期の社内勉強会に力を入れている。上海も東京も週に一度の定例会は、主に各々が担当しているプロジェクトでの学びや反省点に焦点を当ててシェアをする場となっている。設計の意匠性の話に留まらず、プレゼン資料のつくり方や見せ方だったり、クライアントやコラボレーターとの日々のやり取りのなかで感じた学びや気づきを共有するように全員で努めている。多くの関係者と協働する建築設計者として、広い視野と知識を育めるような視点を大切にしている。

事務所運営で大切な設計費は、中国では契約書締結時に着手金をいただくのが特徴だと思う。日本は企業間の信頼や慣例で設計費が事後払いが多い印象だが、中国ではプロジェクトを取り巻く状況変化が大きい分、各フェーズの作業前の費用支払いを交渉で了承していただいている。さらに各設計フェーズも細かく分けることで、プロジェクトの変化に対して事務所が受ける影響を最小化するようにしている。

四川省で建設中のウイスキー蒸留所プロジェクト。二〇二五年竣工予定

［Q5 不在にする場所への対応］

私たちが不在の際には信頼する事務所のメンバーに多くの業務を担ってもらっている。上海事務所では大学の後輩でもあり、前職も一緒で事務所設立時から奔走してくれているディレクターの北上を中心に、川合、中村、中国人スタッフの黄永順。同様に東京事務所では小大の初期メンバーの一人でもある泰川、「一畳十間」を立ち上げから参画してくれている石川ら、在職年数が長く多くの共通認識をシェアできているメンバーたちが、プロジェクトの初回打ち合わせ、急ぎの案件の現地視察、そして日々の事務所内での勉強会やプロジェクトの進捗会議、さらには人事面での採用面接やスタッフ面談などを担っている。細かいニュアンスが大事なので可能な限り最前線に自分たちが立ちたいと思うが、すべてをトップダウンにすると二拠点で事業者の求めるスピード感に並走はできないという感覚があり、このような体制づくりを少しずつ構築してきた。

中国で進行中のプロジェクトも現場に可能な限り行き、クライアントとも交流する

私たちからは理念や設計の考え方を伝え、メンバーからは現地で直面している意見を上げてもらい議論する。これを繰り返すことで、日中共に代表以外のメンバーが様々な局面

に出て行っても安心してもらえる体制が、設立から一〇年経ちできてきたと感じている。

［Q6 働き方の工夫］

二拠点の進行中のプロジェクトの目まぐるしい状況の変化に対して、即座に対応するために、常にGoogleカレンダーで打ち合わせが入れられるようにしている。朝九時三〇分から一四時までは誰でも空いている時間に対面やwebの打ち合わせが設定できる。短時間でも頻繁にコミュニケーションを取ることを重視し、打ち合わせは一五分単位から短く頻繁に設定するように心がけている。一四時以降は私たちから声を掛けに行ったり、集中した議論が必要なプロジェクトや現場確認などに時間を割けるようにしている。

スケールの大きいプロジェクトや、日本ではなかなかできないビルディングタイプの設計機会があることも二拠点の醍醐味

　遠隔でも行える便利なツールが増えてきたが、月に一度は上海事務所に出張を入れ、社員との対面でのコミュニケーションに時間を割くことを大切にしている。フォーマルな勉強会の他に、上海では毎日ランチを会社支給し皆で一緒に食べることで何気ない会話からチーム感を高めたり、些細なことも話せる時間を大切にしている。日本では週に二回だが、「一畳十間ギャラリー」でちゃぶ台を出して、しのさんの手づくりランチを食べている。多拠点だからこそ今それぞれが考えていることを理解し合う機会を意識している。

［Q7 資格や金銭面での注意点］

　上海のような大都市だと外資系の有名設計事務所の支社も多くあり、設計士の給与の水準は今では日本以上かもしれない。中国で働く外国人は、住宅積立金を納める必要がない

現場から遠方にいるクライアントとビデオ通話する様子。いつでもどこでもコミュニケーションが取れる時代

ため、中国人に比べると納税が抑えられ、手取り金額はさらに多くなる。弊社では外国人従業員の保険は別途海外保険に会社として加入し生活面での心配をカバーしている。中国で就労するための労働VISAの所得に関しては、一〇年以上前に比べると学歴や職歴の要求のハードルが高くなったとはいえど、院卒もしくは学部卒から二年以上の労働証明が出れば中国の労働ビザのハードルは他国に比べて高いほうではないだろう。

上海で事務所を経営する側の資格として気をつけたい点としてあまり知られていないポイントは、資本金など登記内容のある一定の条件を満たすことで、上海に登記している設計事務所であれば、一定期間勤めた社員に上海戸籍を提供することが可能になるということだ（社員側も条件あり）。生まれは地方都市で戸籍が地方の社員のなかには、将来的に上海で生活をしたいと希望する人材は多く、その場合は上海戸籍を所得できる企業かどうかが職場探しの大きな判断要素になる。優秀な人材を集めるためにも、この資格を満たすことはとても大切なポイントだと数年経営をしていくなかで感じ、私たちもその資格を後から申請、取得した。

［Q8 メリットとデメリット］

メリットは二つの国で優秀な人材を探せること、二つの国の設計事務所経営を学べること、中国での素材選択の豊かさと、施工費が日本に比べ安いのでチャレンジできる施工の選択肢の多さがあること、一方の拠点が不景気の際にもう一方で仕事の依頼を受けやすいという側面、などなどメリットを挙げればキリがない。あえて一つ挙げるとしたら、二国間を跨ることでどちらに対しても良いところがより見えてくるということだろうか。物事は知れば知るほど良いものと同時に悪い部分も知っていく。一つの国で一つの物差しだけで物事を見ていくと辟易する状況も、もう一つ違う物差しがあることで、他方を愛おしく思え「まぁ大したことじゃないか！」と前向きになれる。そういう感覚が私たちにとっては一番のメリットかもしれない。

デメリットというより、苦労したことを挙げるとすれば、このページには収まりきらないだろう。何事も実際にやってみないとわからないことばかりで、海外での初めて尽くしは当時は大変だと感じることもあった。ただ、こうして今も活動を続けられているので、振り返ってみても大したことではなかったのかもしれない。

［Q9 今後の展望］

現在事務所には様々なライフステージの社員が働いている。私たちも小さな子どもの子育てをしているので、働き方に柔軟であることの必要性を痛感している。今後の展望としては上海と東京以外に、日本の瀬戸内と北鎌倉に拠点を設ける計画を進めている。一つはリモートワークの場として、もう一つは自然に恵まれた環境で働いたり人生を送れる選択肢としてだ。

今までも若くして東京事務所から上海事務所へ数年間の移籍を経験したフットワークの軽い社員が複数人いる。そのような経験は本人の人生にとってかけがえのない宝物だと思うし、事務所にとっても心強い経験値として還元されている。各々のライフステージの変化や心境の変化に対して、選択肢が提示できる設計事務所でありたいと思っている。

瀬戸内の新しい拠点の現場からは美しい瀬戸内海が見える

上海═東京

手の痕跡から生まれる土着的なデザイン

寺崎 豊
隈研吾建築都市設計事務所上海事務所

上海から高速鉄道を乗り継いで二時間、陶器の街として有名な宜興《ぎこう》市に「UCCA陶美術館」（二〇二四）を設計した。美術館の敷地はその陶器の工場やアトリエが建ち並んでいた場所であり、数多くの巨匠を生み出してきた。僕らがプロジェクトを始めるときには、工場は既に稼働を終えており、宜興市は残された遺構を生かしながら陶文化を育む場所として、エリア全体を再開発するマスタープランを準備していた。その中心に陶文化を体現した特徴的な建築をつくってもらいたいと依頼があったのが、二〇一八年の冬であった。

中国の陶器の街として、多くの人がまず思い浮かべるのは、恐らく景徳鎮《けいとくちん》であろう。正確には景徳鎮は磁器の生産地で、中国では「磁都」と呼ばれている（対して宜興は「陶都」）。同じ陶磁器を産地としている街ではあるが、その名声は景徳鎮が圧倒していた。その理由を探りに僕らは街を歩き回り、建物に使える陶板を生産する工場も見学した。ほとんどの工場で生産は機械化され、ガラスやアルミのような「製品」がベルトコンベアの上を延々と流れていた。陶器を販売している小売業も軒を連ねてはいるものの、どこも似たような茶器を販売していて差別化がなく、「陶都」としての魅力がほとんど伝わらない状況だった。言い換えれば、それらの「製品」には陶器がもつ温度や、触れたくなるような豊かな表情は一切感じられなかったのだ。

陶都に期待していた「土の街」というユートピアはもう存在しないのではないかと思われたとき、地元の人のつながりから工場を経営している許さんを紹介してもらった。人の手の痕跡が見えるような陶板をつくりたい、土の質感を残して宜興の

陶板に縄目模様を付けている様子

文化を表現した美術館をつくりたい、という僕らの説明に真剣に耳を傾けてくれた許さんは、この街の出身で宜興をどうにかして良くしたいと考えている人だった。クライアントから提示された金額ではほとんどボランティアに近いと言われてしまったが、それでもこの街につくる美術館であるならば、参加したいと快く承諾してくれた。許さんは普段は他の工場と同様に機械化された製品を

「UCCA 陶美術館」（隈研吾建築都市設計事務所 二〇二四年）施工の様子。足場が外れ全体が明らかになり、上手くいきそうだと確信できた

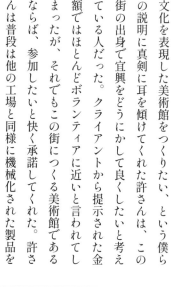

つくっていたが、それとは別に半分趣味で陶板の新しいつくり方を研究していて、工場の一角に小さなギャラリーまで設けていた。それらを嬉々として説明してくれる姿に、この人なら僕らと一緒に並走してくれると確信できた。いくつかのサンプルをつくってもらったときには、僕らが考えていた以上の新しい表現を用意してくれていた。陶板の制作には地元の子どもたちにも参加してもらい、各々自由にパネルの表面に絵や字を彫ってもらった。外装に吊り下げられた陶板は一枚一枚表情が微妙に違っていて、「土」のザラザラとした手触りを感じられ、茶器のように温かみがあるものとなった。陶板をまとった建物は、宜興のシンボルとなっている北宋時代の詩人・蘇東坡《そとうば》が名づけた蜀山や、六〇〇年前から現在まで現役で使われている登り窯のようにも見えるものとなった。

一九七八年の鄧小平による改革開放以来、巨大な開発の波は地方の小さな街にも及び、ローカルの風土や文化はますます均質化していった。しかし中国のように国土が広く、またそれぞれの地域で異なる文化が混在する国の場合、地元の人に大きく助けられた今回のケースのように、どんなに細い糸でも必ずどこかにヒントは転がっているもので、僕らはそれを大事にしていきたいと常々考えている。

週末には美術館に多くの人々が訪れ、思い思いにポーズを取りながら写真を撮っている。人々の背景には、許さんと一緒につくった陶板が並んでいる。この小さな建築をきっかけとして、「陶都」の歴史や文化が、改めて注目され始めたことを嬉しく思う。

宜興産の竹で囲まれた孔から美術館を見る

「UCCA陶美術館」。外観がほぼ完成した状態。未完成でも多くの人が写真を撮りに来ている

ホワイエ。屋根を支える力強い木梁が目を引く

寺崎 豊に
尋ねる

—

上海に設計事務所の新拠点をつくるための Q&A

［Q1 活動内容］

隈研吾建築都市設計事務所（以下、隈事務所）は現在、東京の他にパリ、北京、上海、ソウルと海外支社があり、私は上海事務所で設計と監理を行っている。プロジェクトは中国全土に散らばっていて、上海や近郊都市の他にも深圳、広州、成都といった南のほうにもある。中国は広いので、三〇〇キロメートルなら隣町というくらい日本と距離感が違い、飛行機か高速鉄道で毎週のように移動している。プロジェクトはコロナ以前は民間のデベロッパーからの依頼が多かったが、昨今の不動産市況の落ち込みもあり、ここ三〜四年は政府や国有系企業、若しくは事業が上手くいっている資産家がクライアントになるケースが増えてきている。プログラムやスケールは幅が広く、パビリオンやインテリアなどの数十平米くらいから、美術館やホテルなどの数千〜数万平米、大きいものだと都市スケールの数十万平米とバラエティに富んでいる。上海事務所で担当した物件で、竣工したのは大小合わせて一〇件くらいだが、中国では前提条件がはっきりしないままフライング気味にスタートすることが多く、設計途中で資金回収が難しいとわかって途中で止まってしまうこともしばしばあるため、実際に設計した数はその数倍になる。

寺崎 豊：一九八〇年神奈川県出身。二〇〇四年東京理科大学理工学部建築学科卒業後、上海の設計事務所に就職。二〇一一年隈研吾建築都市設計事務所。二〇一三年プロジェクトの駐在のため再び上海に居を移す。現在は日本と上海を行き来する生活。二〇二〇年〜パートナー兼上海事務所代表。

［Q2 活動のきっかけ］

学生だったとき、学内講演会で小嶋一浩先生が、中国の現場写真を見せながら「元気のいい国では一分一でスタディができる」「不景気しか知らない世代は外に出て、景気が良いというのがどういうことか体感しなさい」とおっしゃっていたのを鮮明に覚えている。また卒業研究で上海の伝統的な住宅をリサーチすることになった。長屋のような狭い空間に、何世帯もの家族がギュウギュウ

事務所近くのレストランで上海オフィスのスタッフとの集合写真

になって生活していて、トイレもないような家（部屋）で三世代五人が一緒に暮らしているケースもあった。それでも彼らに悲壮感はなく、今はまだ貧しいが未来は必ず良くなるという、力強くポジティブなエネルギーが人々の顔や社会全体に溢れていた。当時の日本社会では（もしかして今現在も）、建築はハコモノで不要なモノというネガティブなイメージがつきまとっていたのに対し、中国ではまったく逆で、新しい文化や生活を体現してくれるモノとして建築家に大きな期待が寄せられていた。そしてそのエネルギーに当てられて、上海で仕事をすることを意識した。その後、研究室の先輩が勤めていた事務所に運良く拾っていただけた。

上海オフィスの様子

大きな理想や目標をもっていたというより、その時々の興味に自然に身体を任せた結果である。ただ若いうちに行動できたことは、大きな判断だったと最近よく思う。

［Q3 事務所開設までのプロセス］

上海で仕事を始めてから六年が経った二〇一〇年に、当時隈事務所にいた大学同期の小嶋伸也君(現・小大建築設計事務所)から、人を募集しているから興味があるなら受けてみたらという話をもらった。そのころの隈事務所は「V&A Dundee」(二〇一八)などの海外コンペに勝ち始めた時期で、優秀で面白そうな人がたくさんいた。当時は一〇〇名くらいの規模だったと思うが、海外プロジェクトも増えていて拡大傾向だった。入所後、最初は東京で働いていたが、中国語を多少話せたため、上海のプロジェクト(「MIFA 1862/shipyard」、二〇一九)を担当することになった。中国はとても広く、場所によって文化や言葉も大きく異なり、フットワークもかなりのスピードを求められる。またプロジェクトがある場所に、すぐにコンタクトができる人間がいるかどうかを中国クライアントは重視することを知っていたため、上海に拠点をつくれば窓口も広がり、中国の南方のプロジェクトにもつながると隈に提案した。既に北京事務所があったため、断られるかなと思ったのだが、隈は面白がって「うん、いいよ。進めてみて」と、二つ返事だった。隈は通訳を介さず地元の人間とダイレクトに意思疎通ができることを重視しており、また中国クライアントが建築に求める質は年々高くなってきていたため、スピーディに対応できる現地に事務所を置くのは妥当という判断もあったと思う。とは言え、入所してまだ一年目の三〇歳前後の人間によく任せてくれたなと感謝している。

税金などの問題、さらに中国では国を跨ぐ資金の移動が煩雑ということもあり、最初は隈の友人の自宅の一角を借りて、私ともう一人のスタッフで法人登記の必要ない駐在事務所からスタートした。ただし担当していたプロジェクトは約三万平米と大きく、人手が必要だったので、現地でスタッフを何名か採用しているうちに、だんだんと新規のクライアントから話が来るようになった。一、二年後にはスタッフも一〇名くらいになって、新規プロジェクトも常に四、五件抱えるようになってきた。こうなると逆に駐在事務所であるこ

隈が来たときにはいつも事務所で隈チェックが行われる

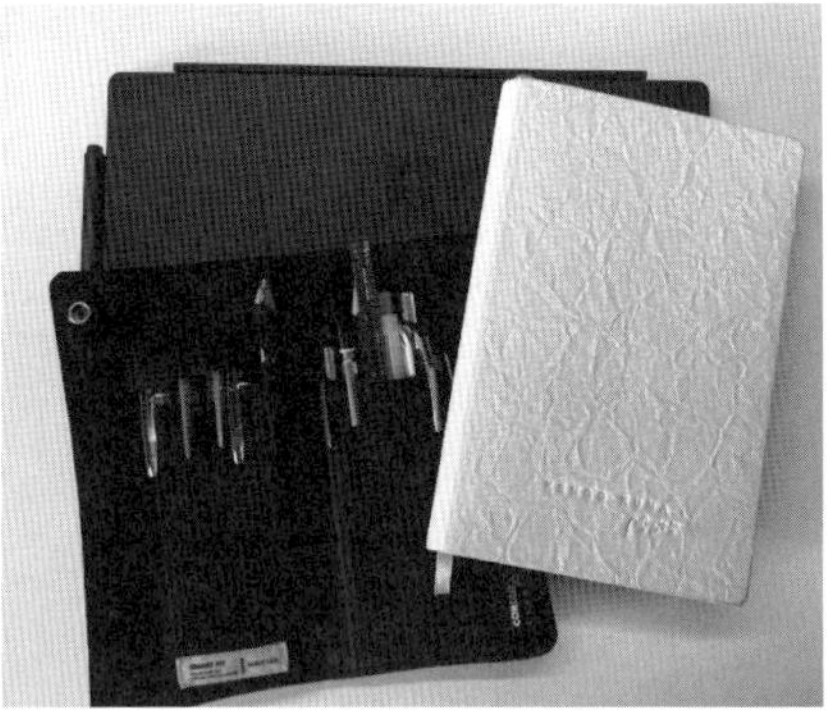

日中を行き来するときはなるべく身軽に、最低限のものだけをもつ

とが現地の法律的にも難しくなってきたため、二〇一九年に正式に法人を設立した。振り返ると、クライアントの要望やその時々の状況に柔軟に対応していった結果が上海に拠点を生み出すことにつながっている。それは四〇〇人規模となった今でもフットワークの軽さを継続できている一因にもなっていると思う。

［Q4 勤務先について］

スタッフはここ数年二〇人前後で推移しており、インターンを含めると常時二五人くらいは在籍している。日本人は私一人だけで、他は全員中国人であるため、必然的に事務所内の公用語は中国語になる。事務所はスタッフの増加に合わせて三回場所を変えた。三回とも旧フランス租界の高層ビルが少なく、落ち着いたエリアに構えている。数ヵ月に一回はスタッフに担当プロジェクトを皆にプレゼンしてもらったり、実際に竣工物件を見学して、特に現場で起こった問題点や法規の解釈などを共有している。

コミュニケーションで苦労することはたくさんあるが、そのなかでも中国は歴史が長いため、どれだけ田舎でも必ず歴史上の有名人がいることだ。隈と出張に行くと、通訳をすることが多いのだが、人物の固有名詞が出てくるとなかなか辛い。以前、施主が〇〇はここの出身だという話をしていたとき、不勉強で通訳できず紙に書いてもらったところ、隈は

「知ってる知ってる」と。私は紙に書かれた名前を見てもわからなかった(笑)。隈は歴史や文化人についての造詣が深いため、ついていくのがやっとのときが多い。万国共通だと思うが、地元の歴史や人物のことを外国人が知っていてくれると、それだけでコミュニケーションがしやすくなる。それ以来、新しい場所に行くときは必ずその土地の歴史や人物のことは予習していくようにしている。

【Q5 不在にする場所への対応】

隈事務所では個々のプロジェクトは、基本設計から現場の監理までそれぞれの拠点で完結する方針となっている。ただし建築だけでなく、ランドスケープやサインといったパッケージで施主に提案することが多いため、それぞれのデザイナーと協働する必要が出てくる。幸い東京オフィスにはそれぞれの専門分野のスタッフがいるため、彼らと一緒にプロジェクトを進める機会も多い。天台宗の総本山である浙江省の天台山に何棟かのホテルを建設するプロジェクトでは、急斜面のランドスケープについて東京オフィスとやり取りを何度も行っている。東京にも中国人スタッフがいるため、施主との連絡も直接でき、また日本と中国の両方の文化に精通していることは非常に心強いところだ。模型チームやグラフィックチームとの協働も何度かやってきたが、teamsやzoomなどでいつでも連絡を取れるので、距離はあってもコミュニケーションには困らない。日本と中国は時差が一時間しかないのも大きなところだと思う。

【Q6 日本との違い】

中国独特のイデオロギーは、いい意味でも悪い意味でも影響がある。つまり建築や芸術の表現において、政府がある程度方向性を与えていくということである。二〇一四年、習近平が北京の「中国中央電視台(CCTV)本社ビル」(設計:OMA、二〇〇八)を暗に指して「奇々怪々の建築はもういらない」と言ったのは有名な話だ。それ以来、自分の作品を自国の伝統や文化に絡めて説明する建築家が多くなった。特に公共建築の設計では、政府の高官や大学教授、同業の専門家を相手に説明しなければならないため、こういった上からのイデオロギーにある程度配慮しなければならない。設計した建築の形や素材に、意図的でないにせよ政治的要望に反するものがある場合（たとえば円筒は日の丸を想起させるなど）、設計変更を要求されることもある。

実務の面では二〇年前よりもクオリティーが上がったとはいえ、施工品質を保つのが本当に難しい部分である。中国の建設現場で働く人たちは日本の職人のような特別な技術を習得した人ではなく、地方から都会に出てきた工人《ごんれん》と呼ばれる日雇いの出稼ぎ労働者がほとんどだ。「MIFA 1862/shipyard」を担当していたとき

「MIFA 1862/shipyard」（隈研吾建築都市設計事務所 二〇一七年）レンガスクリーンのモックアップ

「Portmix Shanghai」（隈研吾建築都市設計事務所 二〇一八年）モックアップ。どのプロジェクトでも必ずモックアップをつくり、施主と確認する

には、保管するように頼んでいた部材を勝手に売られてしまったり、別の現場では階段が図面より二段も少ないのになぜか上下階がつながっていたりと、日本ではとても考えられないようなことに直面した。そして時間と予算もないからやり直しはできないと言われ、泣く泣く図面を描き直すということが毎回起こる。

確かにこういった難しい状況はたくさんあるが、「最終的には建築は建つ」と思って楽観的に捉えるようにしている。マニファクチュアな素材や荒っぽく重ねられたレンガなど、人の手の痕跡が残る建築は温かみがあり、効率性や普遍性を求めてきた現代建築とは違う、即物的で土着的な建築ができるのではないかと考え

ている。

［Q7 資格や金銭面での注意点］

資格においては、どの業種でもワーキングビザ（Zビザ）は必須だ。さらにZビザ取得には①大卒＋二年以上の就労経験、もしくは②独自のポイント制（六〇点以上）となっている。技術力のある働き盛りの人間は審査に通りやすい一方、そうではない若者や高齢者には難しい状況だ。以前は比較的審査も緩かったのだが、近年は経済成長と共に厳しくなってきている。

生活費については、日本に比べて明らかに安いと言えるのは交通費くらいで、上海や北京といった大都市では今やほとんど日本と変わらないか、割高な印象だ。特に都心部の家賃は、１Kの古いアパートでも五〇〇〇元～七〇〇〇元（一〇万円～一四万円）はするため、若い人はルームシェアをしてもっと広い部屋を借りることが多い。食費や教育費なども日本と同水準を求めると、そのコストは数倍に跳ね上がる。逆に現地に溶け込んだ生活であればかなり抑えられるとは思うが、なかなか難しいところはある。人件費に関しても、この二〇年で大きく上がり、大都市であれば新卒で一万元（約二〇万円）前後というところも多く、また昇給も日本よりかなり早い。

ただし、近年の経済不況はあらゆる分野に影響を与えていて、以前のような急速な成長はもう期待できない。物価に関しても最近はデフレ気味になってきていて、企業間の値下げ競争により体力のない企業はどんどん厳しくなっている。このため上記の待遇も現在はかなり下がっているといわれている。今後中国の経済が再び上昇基調に戻れるのか、もしくは日本と同じ失われた三〇年になるかどうかは誰にもわからないが、当分の間の見通しは残念ながら期待できないというのが、現地で生活していると感じられる。

［Q8 メリットとデメリット］

最大のメリットは、双方の国を俯瞰的に見られる視点が養われることだと思う。特に日本と中国は隣国で、歴史的に長いつながりがあるだけでなく、軋轢もある。特に現在の中国には良いイメージをもたれていない方も多いと思うが、現地に暮らすとニュースなどでは得られない、一次情報に常に触れることになる。もちろん、幅広くメディアに接することは必要だと思うが、第三者的に物事を見ることで、その背後にある理由がより深く理解できる。これは海外で生活するうえで必須の能力だと思う。またデザインにもこういった社会情勢を理解する視点は役に立つ。歴史的つながりが長い分、日中双方の文化は似ているところがたくさんあり、デザインの拠り所となったり、日本の文化のルーツを探るきっかけにもなる。

デメリットは社会情勢の変化に大きく影響されることだ。ゼロコロナ政策がいい例で、中国はお上の一声ですべてがひっくり返る危うさがある。自分のコントロールができる範囲を大きく超えたことが起きた場合、その状況に身を委ねることしかできないというのは、大きなリスクになる。

【Q9 今後の展望】

以前は中国をより深く理解するため一年の大半はこちらで生活していたが、長く滞在していると、今度は日本に関しての時事や生活に距離感が生まれてきた。クライアントとの会話で日本の情報を聞かれてもわからないときがあり、どちらの国に対しての理解も必要になると痛感した。彼らが期待しているのは、「中国のことを理解している外国人」ではなく、「中国と自国のどちらも理解している人間」なのである。上海のロックダウンを経験した後、どちらか一方に重点を置くのではなくバランス良く両足に重心を残しながら、両国をより相対化していきたいと考えるようになった。

また個人的な事情だが、日本にいる家族との時間も大事にしたいため、理想としては日本と中国の割合を半々くらいにできればと考えている。そのためには上海事務所のスタッフとのコミュニケーションを今まで以上に効率的にする必要があるし、自分自身もよりフットワークを軽く両国を行き来できればと考えている。

自由で民主的な場で働く

田熊隆樹

マンライスタジオ,
田中央工作群元所員

朝八時。携帯を見ると老師《ラオシー》（田中央工作群のボス、黃聲遠《ホアン・シェン・ユェン》）からのメッセージ。

「要不要去游泳？（泳ぎに行かないか？）」

台湾東北部の地方都市・宜蘭《イーラン》の朝はさわやかだ。山から海へ広がるデルタ（＝蘭陽平野《らんようへいや》）の朝はよく晴れ、夕方になると海からの湿気が山際の雲となり、年間半分くらいは雨を降らす。車で一五分、地下水の湧き出るプールに着く。水位が高いのは、ここ数日雨が多かった証拠だ。一年中同じ温度の水はとても綺麗で、足元には魚も泳いでいる。その先の水路では、近所のおばさんたちが洗濯をしている。軽く泳いで、朝飯を食べながら、最近のあれやこれやを話す。それからやっと、田んぼの中に佇む事務所に出勤する。もちろんすべてがこんなにさわやかな日ではないが、宜蘭ではそういう、生活のなかに余白をつくることが、建築の設計とも確かにつながっていた。

二〇年前の雪山トンネル開通以来、台北と一時間で行き来できる便利さから、地方の農村だった宜蘭も開発が進んだ。そういう変化のなかで事務所の多くの公共プロジェクトには「都市に空白をつくる」という考え方が共通している。みんなが集まる広場のような空間は、台湾人の民主主義と自由にとって、極めて重要だ。

たとえば担当した「跑馬古道公園《パオマー》」（二〇一一）では、それは既存建物を減築するという方法で展開された。礁溪《ジャオシー》という温泉街ではホテルや飲食店が増え続け、街中の空地は数少なくなり、高い建物によってすぐ傍の山の存在も忘れられかけていた。このプロジェクトは、長い間塀で囲われていた台湾軍の訓練所跡地を公園にするものだった。

ここで重要なのは、何かを建てるよりも、この街に残る数少ない「空白」としての大きな土地を市民に還し、そして山を再び感じられる場所をつくることだった。整然と並んだ既存建物を部分的に壊し、壁や屋根を取っ払い、敷地全体を回遊できる歩道を通した。建物を隠すために植えられていた木々との関係はそれで一気に変わった。さらにそれらの瓦礫を敷地内に埋め立てると共に、平坦な敷地に、建物を貫く大きな地形をつくった。地形の一部である斜面に座ると自然と山のほうを見ることができ、イベント時の観客席としても使える。ある部分では二階建てのファサードの「皮」だけを残し、開口部まで貫く地形が元の一階を覆う高さまで盛られた。都市の中にぽかんとつくられた空白の草地には、山から来た大きな砂岩がゴロゴロと置かれ、この土地の野性を帯びつつ、落ち着いて山と向き合える静かな場所になった。

同じく礁溪のプロジェクトである「礁溪小学校地下駐車場・運動場」(二〇二二)は、公立小学校のグラウンドの地下に二層の駐車場をつくるものであった。地下から見上げると空と木々が見えるような長い開口を開け、風や光、匂いが地下まで入ってくる、地下水の中にいるようなイメージの駐車場だ。地下には雨に濡れないよう校舎からつながる歩道をつくり、車で来た保護者がそこで送り迎えができるようになった。公共駐車場と登下校の動線が日常的に交差するさまは、雨の絶えない宜蘭ならではの不思議な空間となった。さらに歩道は既存地下道につながり、通りの向かいの公共建築の前に出る。事務所が二〇年以上前につくった建物だ。この道によって、新旧のプロジェクトは動線的にも、意味的にもつながっていく。

生活に余白をつくるように、都市にも空白をつくる。過去のプロジェクトと関係をもたせ、いつかのさらなる展開のための余白も残しておく。生活のなかで知り得たその土地の環境と人々に対しての提案を、少しずつ変奏しながら、長い時間を掛けて調整していくこと。宜蘭で学んだのは、そういう生き方だった。

仕事終わりに、事務所の仲間と温泉に浸かりにいく。温泉から上がると、アイスでも食べながら、自分たちが手がけた空間に寄り道する。後悔も不満も尽きないが、そんな夜が、また次の日の設計に活かされる。

「礁溪小学校地下駐車場・運動場」（設計：田中央工作群 二〇二二年）公共駐車場と生徒の登下校動線が日常的に交差する、雨の多い宜蘭ならではの姿

「跑馬古道公園」（設計：田中央工作群 二〇二一年）。台湾軍の訓練所跡地の建物や塀を減築し、公園として開放するプロジェクト

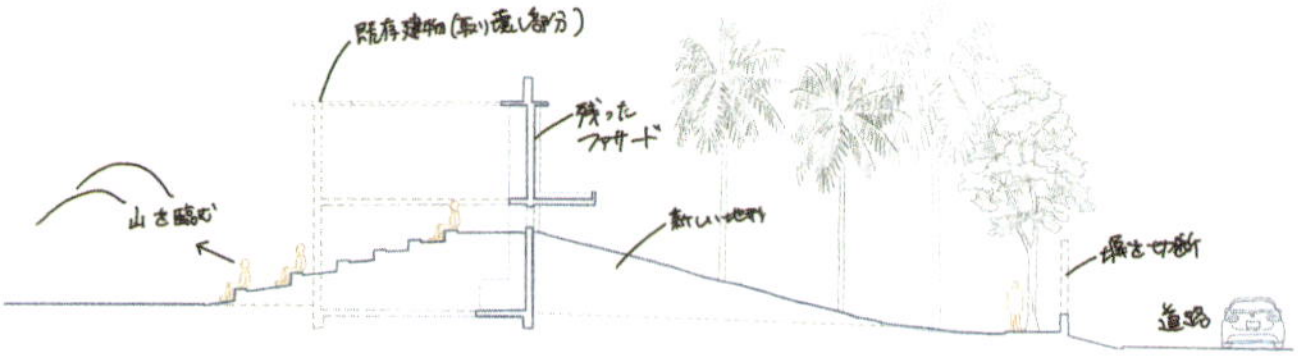

A部拡大図　2階建ての建物のファサードを残し、元の1階を地形が覆う

すぐ後ろに迫る山を見るための地形と、元の建物配置を活かしたパフォーマンススペース

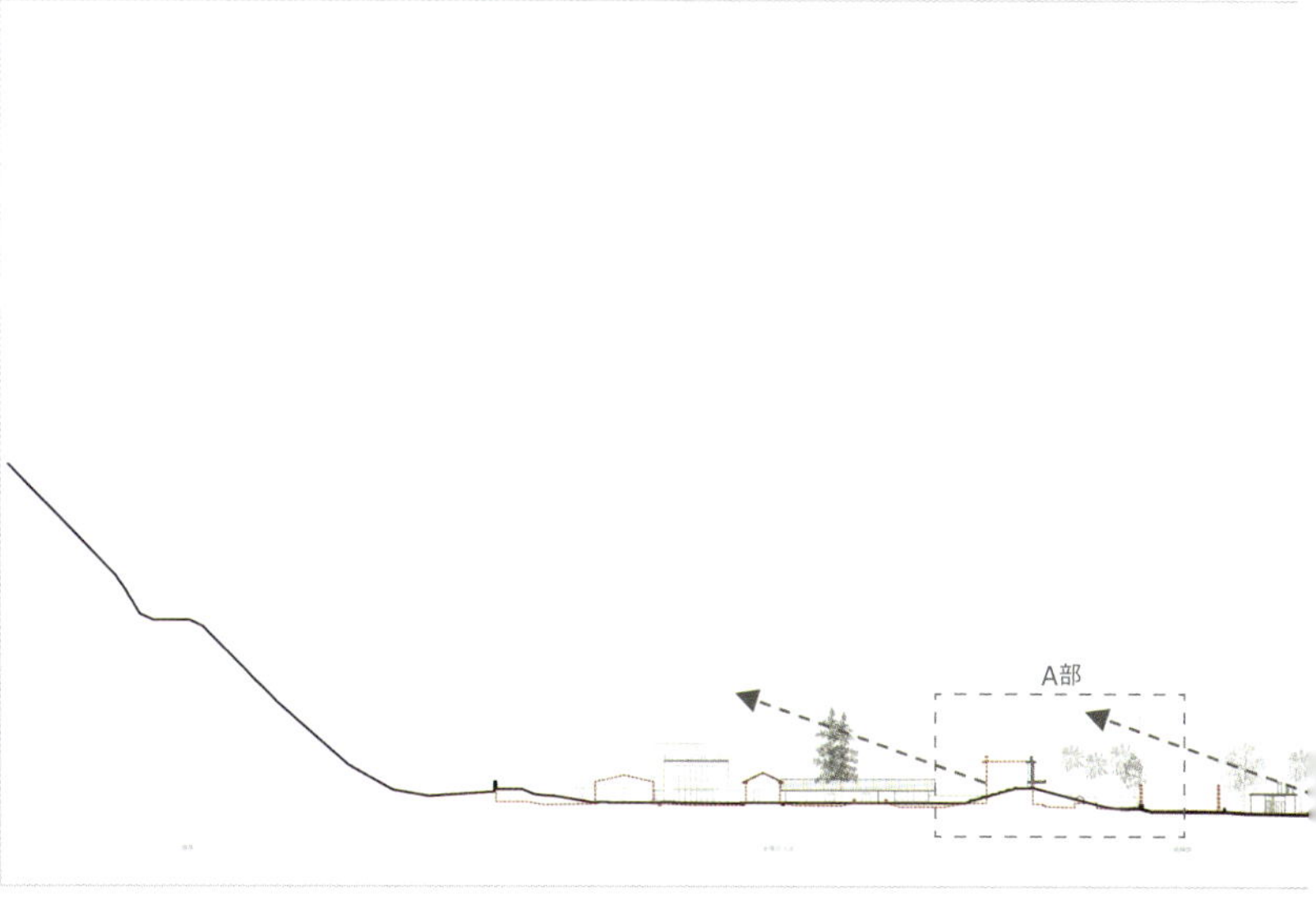

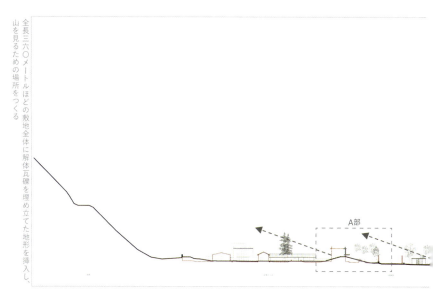

全長三六〇メートルほどの敷地全体に解体瓦礫を埋め立てた地形を挿入し、山を見るための場所をつくる

田熊隆樹に尋ねる

—

宜蘭で設計事務所に勤務するためのQ&A

田熊隆樹：一九九二年東京都生まれ。二〇一七年早稲田大学大学院創造理工学研究科建築学専攻修了。大学院休学中にアジア・中東の集落・民家を巡って旅する。二〇一七〜二三年田中央工作群（台湾）。二〇二四年より茨城県古河市で建築設計事務所マンライスタジオ主宰。

【*Q1* 活動内容】

田中央工作群（Fieldoffice Architects：以下、田中央）は、台湾の北東部、人口約四五万人の宜蘭《イーラン》県を拠点に一九九四年から活動する建築設計事務所である。

僕は日本の大学院を卒業してすぐの二〇一七年から二〇二三年まで、ここで唯一の外国人スタッフとして六年半働いていた。その間、公園やバスターミナル、教会、歩道、駐車場、美術館、大学の文学館など、主に公共建築の設計を行なっていた。事務所ではちょうど二〇一八年くらいから多くの公共プロジェクトのコンペに参加していたため、多いときには数ヵ月の間に出した六つのコンペの主担当をすべて任されたりと、多くのプロジェクトに関わることができた。

段階によって担当が変わることもある事務所だったので、関わったプロジェクトは二〇以上あったと思うが、主に設計に参加したものは一〇個くらいだと思う。設計だけでなく、小さな広場のプロジェクトの現場監理を担当したこともあった。公共建築は合意形成、審査や手続きなどにとても時間が掛かる。それら関わった作品が実際に建ち始めたのは二〇二一年くらいからで、三つか四つ竣工したところで二〇二四年の始めに日本に帰ってきた。台湾との関係も維持しつつ、今は茨城県古河市に拠点を構え自分の事務所を始めた。

【*Q2* 活動のきっかけ】

大学院では建築史を学び、主に日本の集落や民家の研究をしていたが、途中で一年休学して、アジア・中東の集落・民家を巡って八ヵ月ほど一人で旅をした。旅行ではひたすら辺鄙な田舎に分け入って、民家を実測したりした（この経験を後に『アジア「窓」紀行』［草思社、二〇二〇］としてまとめた）。ちょうどそのときに、大学の教授から田中央と黃聲遠の話を聞いて、「時間もあることだしインターンに行ってみよう」と思い、旅の途中に立ち寄ったのがそもそものきっかけだった。インターンは一ヵ月半くらいだったが、スタッフが宜蘭のあちこちに遊びに連れていってくれたりして、この場所を好きになるのに時間は掛からなかった。

それまで海外に住んだこともなかったのだが、旅行を通して何となく「海外でもやっていけるかも」という感覚があったので、就職も考えてみることにした。ヨーロッパやアメリカよりアジアにずっと興味があったのは、日本人として、アジアの環境や文化は自分の感覚の延長上にあるような気がしたからかもしれない。

［Q3 就職までのプロセス］

インターンに来て三日目に事務所内でコンペの案出しがあり、入所したての若手や、インターンの学生も自由に提案をもってきてよいという場があった。旅でのインスピレーションも結集させながら、僕なりに模型をつくり、手書きで図面を描いた。拙い英語で発表してみると、代表の黃聲遠がえらく気に入ってくれたようで、そこからインターンが終わる一ヵ月半の間、ベテランスタッフのサポートを付けてくれながら、僕をそのコンペの設計主担当にしてくれた。日本の大学で教育を受けてきた僕にとって、それは青天の霹靂だった。つい数日前来た中国語も喋れない僕が、自由に意見を発表し、評価される場所があった。「自由で民主的な場」の洗礼を受けたのだ。そういうわけで、台湾に来たかったというより、田中央で働きたくて、大学院を卒業後すぐに宜蘭に戻ってくることになった。

就職して、ゼロから中国語を始めた。今考えると、すべての仕事が中国語で行われる事務所が、よく雇ってくれたなと思う。週に二回、朝の二時間語学学校に通いながら仕事をしていた。最初は英語で仕事をしていたが、英語もたいして得意ではない。しかし模型が大事にされる事務所だったので、言語が伝わらない分、ひたすら手を動かし、模型でコミュニケーションを取ることができた。尊敬する吉阪隆正の「造形は通じる」という言葉を身をもって体験できたことは、後々大変役に立ったと思う。他に外国人がいなかったこともあり、恥を覚悟で中国語を積極的に使うようにした。ご飯を食べに行っても店の人と適当に会話することを心がけた。半年くらい経った頃から徐々にコミュニケーションが中国語に変わり、最終的には政府の役人や現場監督、職人たちとも中国語で仕事をできるようになった。言語を習得することで、世界は二倍三倍と面白くなったように思う。

毎夏、インターン生を連れて旅行する

　仕事を始めた当初は、コンペの模型をつくったり、ベテランスタッフのプロジェクトを手伝ったりという仕事が多かったが、そのなかでも自分の提案をもつことは忘れず、常に積極的に動けるようにしていた。二年目の途中くらいで中国語も話せるようになったこともあり、ボスから基本設計を任されることが増え、コンペも多く担当した。同時並行で色々な基本設計を手がけていたため、数多くのプロジェクトに関わった。

　生活面では、田中央には宿舎(事務所から歩いて五分のボスの家の一階がインターンや若手スタッフの宿舎になっている)があったので、そこに三年くらい住んでいた。それからはボスの母親の所有する家を借りて、ずっと事務所の近くで、田んぼの広がるなかに暮らしていた。スタッフも若くみんな友達という感じだったので、生活や遊び、仕事がとても近い暮らしをしていた。

［Q4 勤務先について］

スタッフは、勤めていた六年半のなかで最大三〇人ほどだった。若いスタッフが多く、平均年齢は三〇歳前後だったと思う。毎年夏には一〇人くらいの学生インターンも来ていたため、賑やかな事務所だった。宜蘭の事務所と、その当時プロジェクトが多くあった新竹市（台湾北西部の都市）の分室に分かれていたが、僕はずっと宜蘭で働いていた。

　設計のプロセスはとても独特だったと思う。ボスの黄聲遠はひたすら喋り続ける人で、自分でスケッチを描いたりすることはほとんどなく、スタッフがスケッチや模型をつくってきて、ボスを誘って議論が始まるというかたちだ。プロジェクトが重要なものになるかどうかは、そのスタッフ次第とも言える。一応担当プロジェクトというかたちで決まってはいるが、議論の場には他のスタッフも参加できて、自由に意見を言い合える雰囲気があった。

事務所の窓からは田んぼと山が見える

　設計段階で、模型は最も重視された。模型をつくる前に図面を描くことはほぼないし、模型をみんなで囲んで、三六〇度あらゆる方向から囲んで議論する。普段そのプロジェクトに関わっていない人も、模型を見れば今何を検討して、あるいは何に迷っているのか一目瞭然で、思考を

事務所の二階テラス。皆でランチを食べる

絶えず変化し、手の跡が残る大きな模型

議論の中心にはいつも模型がある

外部化・客観化する道具でもある。ボスがいなくても、たとえばご飯に行く前にスタッフが寄ってきて、模型をいじりながら「ここどうなってるの？」など自由に言い合い、おしゃべりのなかでアイデアや解決策が生まれることもよくある。田中央の模型は、設計発展段階でどんどん変更を加えていくものなので、お世辞にも綺麗な模型とは言えない。最終的なプレゼン用の模型をつくることもせず、設計が終わって既に年季の入った模型をさらに現場に毎日持って行ってボロボロになるのが常だ。

事務所の仕事は、そのほとんどが公共建築だった。規模の大小はあるが、すべてコンペで獲得している。同じ宜蘭で長年の蓄積や理解があるため県政府の相談に乗ることもあるが、そもそも宜蘭には建築事務所が少ないこともあり、コンペでは一社しか出さないことも多いなど、地方ならではの状況があった。用途が決まった一つの建築のコンペもあるが、むしろ何も決まっていない状況で、都市計画の方向性から決めていくコンペなどもあった。それが後に一つ一つのプロジェクトへと予算が付き、発展していくこともあった。

［Q5 日本との違い］

日本の設計事務所で働いたことが

なく、比較できるかはわからないが、台湾での現場は、毎日が戦いのようだった。宜蘭北部の温泉街・礁溪という場所で、小さな広場の現場監理を行ったことがある。台湾ではこういう小規模の工事を請け負う施工者には、施工図を描く習慣がない。設計図を見てそのまま工事するのだが、設計図の精度にも限界があるため、毎日現場に通って調整する必要があった。また現場のなかには適当につくってしまう人もいるため、現場に行かないと「勝手につくられてしまう」という感覚が常にあった。ただそれはスリリングで、時々考えてもみなかった結果につながり、面白くもあった。「ライブ」と言ったほうが近いかもしれない。また現場では基本台湾語(台湾の標準語である中国語＝北京語とは発音がまったく違う)が飛び交っているが、職人たちは僕と話すときだけ中国語で話す、という奇妙な関係もあった。彼らが何を話しているかわからないというのはなかなかに難しい状況だった。そういう人たちを相手に自分の意見をぶつけ、ときには妥協し、互いの違いを認め、仲良くなり、施工を進めてもらわなければいけない。現場での経験は、事務所で設計していたときとはまったく違う学びがあった。模型を持っていくと、みんな面白がって見てくれて、意図が伝わり、現場でも模型が大いに役立つことを学んだ。

また台湾の建設業界は日本ほど製品化・規格化が進んでおらず、現場での型枠、鉄の加工、各種仕上げなど、未だ「手づくり」の部分が多いことは良いことだった。現場では職人たちが手と知恵を使ってつくっている感じがする。カタログから仕上げを選ぶということはあまりなかった。日本統治時代に台湾にもち込まれ、今の日本では工賃が高くあまり採用されなくなった「洗い出し」や「研ぎ出し」などの左官仕上げは僕が一番面白がっていた工法である。台湾にはプレートがぶつかってできた多様な地層が広がっているので、多種の石が採れる(現在では採掘禁止が増え、輸入品も多い)。石材屋で石を一種類ずつ、再利用のガラスなんかも混ぜて、割合いを決めてサンプルを何個もつくってもらったりしたのは良い

曲面をつくるための手づくりの型枠

思い出だ。その他にも稲藁を型枠の内側に入れてみたり、セメントを吹き付けてみたり、細い鉄棒を加工して欄干をつくったり、大きな岩をばら撒いてみたり、もちろん失敗も多いけれど、その分調整も可能な「建築を手でつくる」という原始的なも

台湾ではいまだ現役である洗い出し職人たち

のに触れられたことは、台湾で仕事をしたなかでの大きな収穫だった。

［Q6 資格や金銭面での注意点］

台湾の設計業界も日本のアトリエ系のように薄給の世界だったので、最初は正直やっていけるかわからな

無数の洗い出し仕上げサンプルを広げて議論する

かった。とりあえず大学院を卒業してからアルバイトで五〇万円貯めて、えいっと台湾に飛んでいった。やはりどうしてもここで働きたいと思い、最初の二年は日本の助成金を得て、海外研修というかたちで事務所に参加する方法を取った（二〇一八年ユニ

オン造形文化財団在外研修、二〇一九年文化庁新進芸術家海外研修制度採用)。到達したい目的のためには、探してみれば色々と手段がある。さらに宜蘭は田舎で、生活費は安く、事務所の宿舎もあり、事務所のランチは付近のおばさんがつくりに来てくれて格安で食べられたので、そこまで苦しい生活をすることはなかった。むしろお金を掛けずに、休日にはスタッフの友人たちと湧水プールに泳ぎに行ったり、山や海へ行ったりと、純粋に場所を楽しむことができた時間は、とても貴重だったと思う。

よく泳ぎに行った湧水のプール

[Q7メリットとデメリット]

僕にとって「外国人」になるという経験はとても重要なことだったように思う。台湾は比較的親日だが、それでも自分が少数派になるということがどんなことなのか、そこにどんな苦労があり、また逆に得るものがあるかということを身をもって知ることができたからだ。また言語を習得し、台湾人と深く付き合うようになると、彼らが何を考えて生きているのかというのが朧げながらわかってきた。僕が思うのは、台湾人は「今を生きている」ということだ。台湾という国は、過去にも未来にも不安しかない。ここ一〇年くらいが、台湾の歴史上最も平和で自由で発展していた時期だと言えると思うが、それがいつなくなってしまうかわからない。そういう背景があるのだろうが、みんな先のことを心配し過ぎることなく、今を楽しみ、生きている気がした。そして先にも触れたように、自由と民主的な場を知ったこと。そういう価値観に直に触れられたことが、台湾に行って獲得した最も素晴らしいものの一つだ。それは自分のキャリアや仕事の展開よりも、ずっと大事なものだと思う。それまでの僕は「自由」について深く考えたことがなかった。これらは日本にずっといては出会うことのなかったものだと思うし、今後の自分にもずっと影響を与え続けるはずだ。

デメリットとしては、当たり前だが、やはり日本で人脈やつながりを広げられないことだろうか。しかし事務所には日本や海外の建築関係者などが見学に来る機会もあり、より直接的な交流ができた面もあった。これまでのつながりも大なり小なり途切れることになるが、本当に大事な友人は、それでも連絡を取り合い、会いに来てくれた。色んな意味で単純になり、大事なものがはっきりしたような気がする。

［Q8 今後の展望］

台湾に残ることも考えたが、結果、二〇二四年の一月に日本に帰ってくることにした。台湾はどの地方も基本的には亜熱帯の島という比較的似た環境をもつのに対し、日本という国はとても大きく、そして何より古い。外から見て改めて感じたことだった。冷帯・温帯・亜熱帯にわたり、さらに内陸性気候などの幅があるところが面白く、千年以上前から存在するような寺社や集落、技術もある。そういう場所で仕事をしてみたいと思うようになった。それとやはり、一から自分の仕事をすることへの憧れもあった。帰国してすぐに新潟県の山の中に大きな椅子(「大地に抱かれる椅子」)をつくる機会があったが、さっそく積雪四メートルという台湾ではありえない条件と向き合った。台湾の現場で当然のようにローテクでつくっていた複雑なかたちが日本ではつくれないと言われることも驚きだった。台湾でやっていたことを日本の技術でやってみたくなり、十二メートルの椅子の洗い出し仕上げを日本の七〇代の職人につくってもらったりもして、新鮮に日本と向き合っている。出身は東京だが、帰国時には縁があり茨城県に引っ越した。何だか宜蘭に似た、空の大きな場所で、台湾で働いていなかったら考えなかった選択肢かもしれない。宜蘭で、良い仕事は良い生活のなかで、時間を掛けて積み上げていくことでしか生まれないことを学ぶことができた。まずはここでの生活を整えながら、ゆっくりと自分のできる仕事を探していくつもりだ。

洗い出しを採用した「大地に抱かれる椅子」（設計：田中央工作群＋田熊隆樹 二〇二四年）。大地の芸術祭出展作品

ホーチミン

目の前にあるものを使いこなしてつくり上げる

山田貴仁
studio anettai

私たちの設計態度をすっかり変えてしまった印象的なプロジェクトが二つある。「ハウス・イン・バリア・ブンタウ」(二〇二三)という郊外の住宅設計と、「アーバニストキャンプ・ホーチミン」(二〇二三)というワークショップだ。

「ハウス・イン・バリア・ブンタウ」は私たちの拠点であるホーチミン市から車で三時間ほど行った郊外地域の、さらにその奥地とも言える敷地に建つプロジェクトである。ある日ここに一〇〇〇平米の広大な土地を購入したクライアントは、彼の兄と母のための住宅を望んだ。そして、総資金は日本円で三〇〇万円ほどであると伝えられた。

郊外のその先という立地、最小限の施工単価、物資と技術を地元業者にしか頼れない状況、これらの切実な状況は設計者である私たちにはどうすることもできない。さらには雨季の前に工事を終わらせるためには四ヵ月しか時間がないこともわかった。普段なら断りかねない逆風だらけの条件だが、ここにこそ、私たちがこの国で設計することの意義とリアリティが潜んでいるような気がして、一筋の希望をもって引き受けることにした。

そうして設計を始めたわけだが、ここでは我々が日本の建築教育で教えられてきた、建物全体を貫くコンセプトや微細なディテールのようなものは、やはりどこか無意味なように思えた。ヒントになったのはむしろ、敷地調査への車窓から見た近辺の「普通」の家々だった。ゆとりのある敷地に建つ小さな居住のためのハコ、そしてそれらを覆う巨大な軒下空間で構成される風景は、コンクリートやレンガだけでなく、近くで簡単に手に入るあり合わせのスチールや竹・膜材などの組み合わせでできている。ある程度の工業化が浸透しつつも決して最先端ではない、郊外の象徴とも言えるこの風景は、できるだけ広く安く生存領域を獲得するための彼らの知恵である。

翻ってこの住宅でも、素材・技術・工法・家具やインフラに至るまで、すべて地元のリソースで実現可能なものの寄せ集めとして設計することにした。そうしてでき上がった建物は決して完璧ではないが、小さな家と、大きな家未満の環境をもった、「一〇〇〇平米の家」となった。この不完全な家は、力強い住まい手のエネルギーによって、今も住まいながら更新され続けている。

同時期に行われていたのが、日本のアーバニストユニット、for Citiesと協働したワークショップ「アーバニストキャンプ・ホーチミン」である。

私たちは、ここホーチミンを舞台として行われるそれにローカルパートナーとして並走した。一ヵ月の会期の間、参加者は建築に限らず街のありとあらゆるモノとコトを観察し、それぞれの視点から主題を発見していく。そして一ヵ月の集大成として、地元向けに一週間の展示を行うのだ。私たちはこの展示什器の設計を担当することとなった。参加者の個別の視点以上に心を動かされたのは、私自身にはもはや普通になってしまった風景や事象たちが、新たな意味をもって立ち上がってきたことだった。ベトナムの街並みを見渡すと、みんな今目の前にあるものを使いこなして日々の生活をかたちづくっている。私たちも、たった一週間の展示のために新たな什器をつくって捨てるのではなく、この日常的なモノたちを、即物的に、創造的にひたすらに再構築することで展示空間をつくりたいと考えた。

具体的には、プラスチック椅子やレンガ、養生シートなど、地元市場で購入した品物や付近で拾った部材などをエブリディ・マテリアルと名づけ、島状に組み合わせて置くだけで展示什器を構成することで新たな価値へと転換した。ひたすらに並べられたレンガは、リーフレットのための低い天板となった。丸められた三束の工事用仮囲いは、カウンターのための可愛らしい柱脚となった。吊り下げられた物売りの竹籠は、展示を訪れた人へのお土産棚である。一週間の展示期間終了後、すべてのマテリアルは地元のクリエイティブコミュニティに引き取ってもらい、その姿を消した。二つのプロジェクトを通して改めて気がついたことは、目の前にある〝普通のもの〟をユニークに使い倒して、前向きに生活を進めていくこの国の人のエネルギーである。外国人である私たちがこの国ですべきことは、最新デザインの啓蒙ではなく、既にそこに存在するこの営みを最大化することだった。そして、この営みのエネルギーに全身で参加することにこそ、ベトナムで設計活動をすることの本当の面白みがあるのだろう。

左右とも：「ForCitiesWeek2023」（会場構成：studio anettai 二〇二三年）

「ハウス・イン・パリア・ブンタウ」（設計：studio anettai 二〇二三年）外観。住人のお兄さん、お母さんと三匹の犬

山田貴仁に尋ねる

—

ホーチミンで設計事務所を運営するためのQ&A

山田貴仁：一九八八年東京都生まれ。首都大学東京（現・東京都立大学）都市環境学部都市環境学科建築都市コース卒業後、二〇一四～一六年 Vo Trong Nghia Architects 勤務。二〇一九年 studio anettai 設立。建築設計の他3Dビジュアライゼーションやホスピタリティ事業などにも専門領域を広げる。

［*Q1* 活動内容］

studio anettai は、ベトナム・ホーチミンを拠点とする、建築設計事務所だ。同時に日本や世界各地の設計事務所をクライアントとする、建築専門の3Dパーススタジオでもある。

設計業務のプロジェクトは住宅から飲食店、オフィスなど多岐にわたる。クライアントはベトナム人半分、日本人を含む外国人が半分。竣工数は小さなものも含めるとこの四年間で一〇件ほどだが、実際のプロジェクト数はこれまでその一〇倍ほどあり、成長国ならではの数多くのチャンスと、最後まで状況が安定しない難しさに、楽しみつつも日々頭を悩ませている。

3Dパーススタジオのほうは、個人・組織設計事務所、さらにはディベロッパーなどが主なクライアントとなっている。元は、単純に3Dモデリングが好きという私の個人的な事情から始まった趣味的な仕事である。しかし日本や世界のフロントランナーと並走するなかで、結果的に最前線のデザインに触れることができ、私たちの設計にとっても大きな学びとなっている。ベトナムのような発展国では、実務に関するチャンスはあっても建築やデザインに関する学びの機会はとても少ないのだ。

［*Q2* 活動のきっかけ］

東南アジアでの仕事に興味をもったのは、大学院での経験が元になっている。当時所属していた研究室では、欧州のコンバージョンを調査する海外調査旅行を毎年実施していた。しかし自分が所属した年だけたまたま、調査地が香港とタイ、マレーシア、シンガポールなどの東南アジアになってしまった。当時は率直に言って欧州へ行けないことを残念に思ったのを覚えている。一方で、その際に触れた現地の建築と空気感、発展国ならではの人と街のエネルギーは大いに自分の琴線に触れた。

その後日本へ戻り、しばらくは周囲の皆と同じく日本の設計企業への就職活動をしていた。そのタイミングで、またしても偶然に、前職のベトナム設計事務所から日本人募集のメールが届いた。

募集要項によれば、実務経験やCADソフトウェアのスキル、最低限の英語読み書きなどが求められていた。当時既にアジア諸国での仕事への憧れをもちつつあったことから、上記の募集要項をほぼ満たしていないながら、素知らぬ顔で立候補してしまった。今、当時の募集メールを見返したところ、「卒業生や若い建築家へ」と書いてあった。当時の私は大学院を卒業すらしていなかった。

今現在ベトナムで活動している理由は、明確なきっかけや意思に溢れているわけではない。偶然にやってくる波と、ほどよく考え、また同時に、ほどよく考えすぎず、その波に乗り続けたことが、今の私を取り巻く環境をつくっている。

【Q3 事務所開設までのプロセス】

二〇一九年まで勤めた前職のVo Trong Nghia Architects（VTN architects）は、ベトナムで初めて建築家像を開拓したとも言える有名事務所で、日本人設計者も多く在籍しており、私が退職した当時、既に多くの優秀な日本人建築家がベトナム全土に活躍の場を広げていた。そのような状況で、自分が建築設計だけを生業にしてこの国に貢献することの意義が見出せず、退職後半年は留まるか、日本へ帰国するか悩んでいた。

そこで何か他のことをしてみたいと思い、当時のクライアントから小さな設計の仕事をもらいながら、不動産事業を始めてみることにした。個人でアパートを借りてリノベーションして又貸しする、とてもシンプルな仕事である。リノベーション可能で現状復帰不要な場合も多いベトナムの賃貸事情、自分のポケットマネーからもぎりぎり捻出できる安価な施工費と賃料などもあり、見様見真似ながらある程度事業は成立していた。

それを聞きつけた設計のクライアントから、自社のカフェの二・三階が空いてるので、せっかくならそこでホステルをやってみないかと誘われた。ベトナムに来た経験から、「ほどよく考え、ほどよく考えすぎない」ことをモットーにしていた私は、簡単な事業計算と共に、共同設計の犬童(現・弊社設計パートナー)と知り合いの施工会社に声を掛け、すぐにOKの返事をした。このとき、宿泊業をするのに事務所が必要になり設立したのが、現在の会社、studio anettaiである。同時に、独立して最初の仕事そして初めての本格的な事業「Hostel anettai」(二〇一九)が生まれた。

[Q4 事務所運営]

現在の体制は、建築設計が日本人三人+ベトナム人二人の計五人。3Dパース業務は基本的に私が中心となり、プロジェクトごとにベトナム人パートナーたちとチームを組んでいる。

建築文化が隆盛してまだ日の浅いこの国では、建築組織における型や手本がなく、自分たちの設計事務所のあり方は自分たちで模索するしかない。同時代のベトナム人事務所と交流しながら、どのように彼らが組織をつくっているのかも日々観察してみると、その多様さに見ていて飽きることがない。

昔ながらの個人アトリエ型(VTN architectsなど)、数人のボスが集まるコレクティブ型(Xuong xepなど)、数年のうちに巨大化して事業も展開する組織設計型(the Lab saigonなど)。市場が常にダイナミックに変化するこの国ではそのどれもが明確な正解でないことをそれぞれ理解しており、チャレンジしながらも柔軟に組織のかたちを変えているように思う。

私たちの事務所は比較的典型的なアトリエ型である。しかしプロジェクトの度に、様々な専門性をもった個人や事務所と協働して臨むことで、その規模や性質に対応できる柔らかな組織を目指している。

事情として、住宅規模であれば施主の分離発注が一般的なことが挙げられる。そもそもベトナムにはいわゆるハウスメーカーが存在せず、個人経営の工務店が施工側のマジョリティを占める。この社会環境のなかでは必然的に産業のブラックボックス化が起こりづらく、施主側の素材・技術に関してのリテラシーも総じて高いように思う。

もちろん施主の負担は増えるわけだが、施工費を抑えられるだけでなく、重要な部分に専門性の高いタレントを起用しやすいなど、クリエイティブの介入する余地がいまだに大きいという側面がある。

これまで協働してきたベトナムを拠点とする専門家—建築家、ファブリックデザイナー、木製の家具ワークショップ、テラゾー専門業—など、彼らを〝創造的な他者〟と私たちは呼び、この国ならではの設計手法として取り入れている。

また、コミュニケーションについて言うと、この国の若者はその多くが英語話者だ。前職の同僚や弊社のスタッフも同様に、これまで設計協議の場でベトナム語を話す必要性はなく、言語的な壁はほとんどなかった。

一方で、実際に我々の設計を実現してくれる建設現場ではまた話が異なる。多くの施工現場では、数ミリ単位で描かれた図面の束よりも、細部まで精巧につくられた一枚のパースのほうが優先して参照されるという、設計者としては少々悲しい現実がある。日本よりもはるかに早い速度で進む現場と、細かな図面を読むのが難しい日雇いの職人たちにとって、設計者のつくるCGは、より容易で迅速に思考を共有できるツールなのだ。同時に、施主へのプレゼンテーションでは多くの場合CGパースの提出が求められ、プロジェクト全体の青写真がリアリティをもって説明することを要求される。ベトナムの建築現場において、CGは設計者・施主・施工者を結び付ける一種のコミュニケーションツールなのだ。

［Q5 不在にする場所への対応］

日本を中心とした国外のプロジェ

クトは、すべて現地の建築設計事務所および施工会社と組んで参画している。各地での建築資格をもたない私たちは、彼らの実務的な部分の助けを借りながら、基本設計でのコンセプチャルな部分、3Dビジュアライゼーションを中心に各プロジェクトを進めている。初回の打ち合わせや現地視察は極力オフラインで行うようにしているが、その後のプロセスは主にオンラインで進めることがほとんどだ。そのため、3Dやイラストを多用してできるだけ視覚的に伝わりやすい資料・コミュニケーションを心がけている。

事務所スタッフと一緒に

仕事場の風景

右：「burger bros danang」（設計：studio anettai 二〇二一年）。左：同CG。CGを用いて施主や施工会社、職人とコミュニケーションを取った

また逆に自分が日本にいる場合は、設計パートナーが事務所を主に見つつも、チームがある程度自走する状態を日々目指している。

そのために、事務所内ではある種の「暗黙知」を構築することを考えている。設計スタッフは施工会社出身の者、インテリア学部出身の者など、いわゆる建築設計畑に限定しない人材が自然と集まっている。国籍もバックグラウンドも異なる人間が集まるなか、模型よりも3Dを優先的に用いる私たちは、ともすればコミュニケーションの齟齬が起きやすい。そこに陥らないために、普段から勉強会や議論の場を設け、従来的なトップダウンのヒエラルキーをできるだけ排除し、各自が考え判断していける環境づくりに専念している。

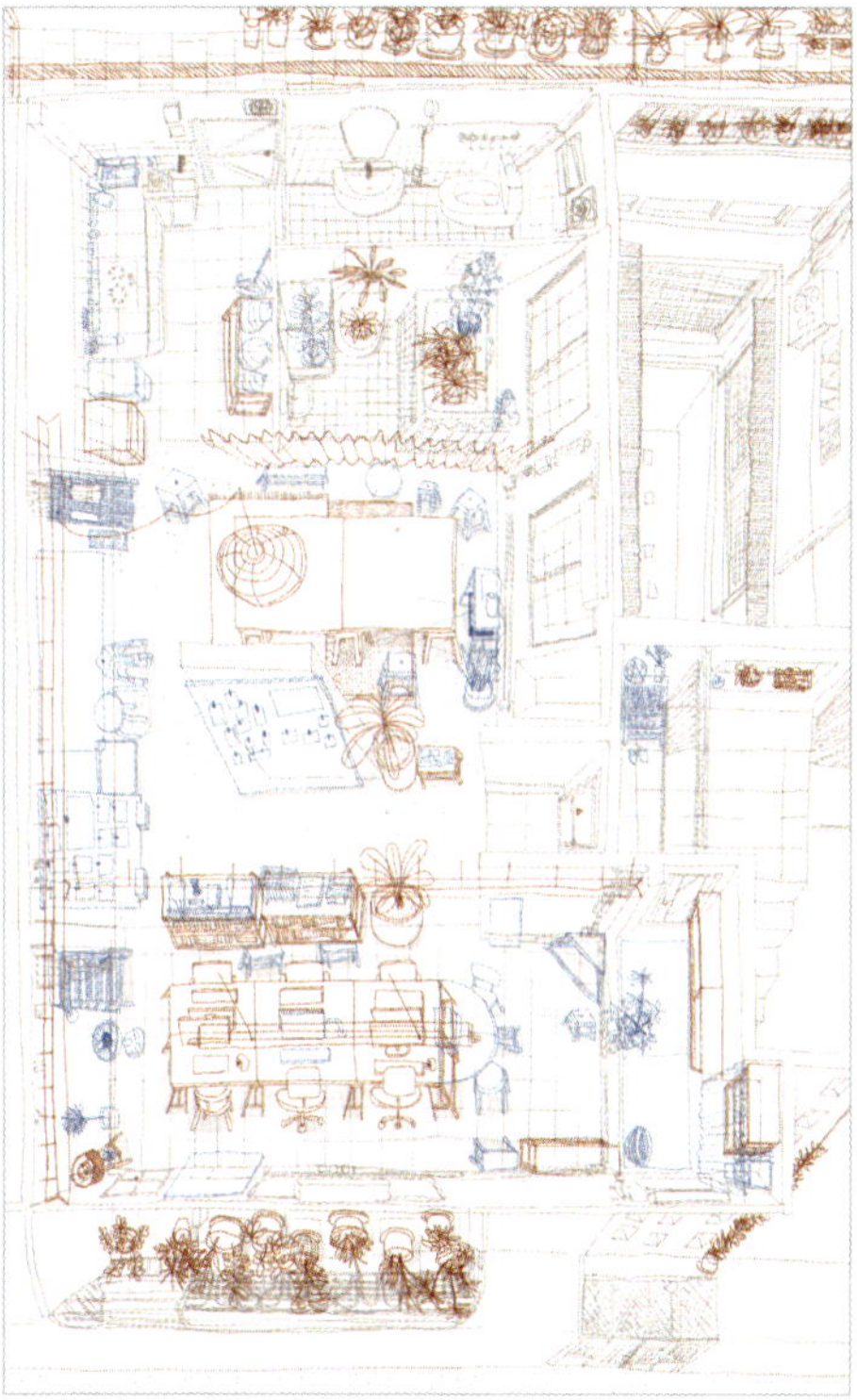
studio anettai オフィスのコンセプトを表現したスケッチ

【Q6 働き方の工夫】

私たちの主な拠点はベトナム・ホーチミン市だが、呼ばれれば次の週にでも、日本のどこでも馳せ参じるようにしている。時間やお金の都合を考えれば非効率的かもしれないが、オフラインでのコミュニケーションというのは代え難い信頼感をプロジェクトにもたらす。東南アジアという日本からほど近い国を拠点とすること、フラリと自分がいなくなっても回る軽やかな組織づくりの二つが必要になるが、これこそ多拠点活動をする意義であり、時間とお金を使うべき私たちの価値だと考えている。

神戸の工務店西村組との協働で進行中のプロジェクト

その際、ipadの一つでも持っていれば、今の時代十分に仕事はできる。

［Q7資格や金銭面での注意点］

東南アジアでの活動の利点の一つは、事務所・個人に関わらず主な活動費用が小さいことだ。こちらはさほど問題になることがない。一方で、近年最もベトナム事業者の頭を悩ませているのがいわゆる〝ビザ問題〟である。

二〇一九年のコロナ禍以降、ベトナム政府は今まで以上に汚職や不正に関する取り締まりを強め、外国人に対するビザ発給に関しても手続きが大いに煩雑になった。私たちのような建築設計者は専門職として比較的取得が容易だが、これを機に多数の日本人駐在員が帰国せざるを得なくなくなったほどだ。

このように、ベトナムのような発展国を拠点とする際は、明日、どのようにルールが変わるか予想ができないことを念頭に置き、準備をしておくことが必要になる。

［Q8メリットとデメリット］

地理的に違う二つの拠点をもつということは、互いの土地どちらにとっても当事者であり、同時に、他者でもあり続けるということである。

たとえば、「Urbanist Camp Ho Chi Minh」では、外国人としての視点から街の新たな切り口を模索し、地元で活動する者ならではの知見を元に展示制作をした。また「So What in

Kanazawa」(二〇二四年竣工予定)では、地元金沢の建築家と共に日本人ならではの共通建築言語を用いて計画を進めつつ、南国化するこれからの日本に対する、熱帯で活動する我々ならではの半屋外空間の提案を行っている。

二つのリアリティを生きつつも相対的に物事を観察し、よそ者の視点を維持しながらもローカルにダイブしていくこと。多拠点で活動することの一番の意義はそこにあるように思う。

[Q9 今後の展望]

私たちのプロジェクトはホーチミンに限らずベトナム全土、日本やインドなど国外にも増えてきている。今後はさらに国内のニッチなエリアや国外のプロジェクトに参画したり、建築設計外の新たな事業にも拡大したいという野望がある。これまでも国内外様々なメディアへ広報したり、自社内で実験するなど下準備を進めてきた。

ただ、それら周縁の物事を力強く押し進める原動力となるのは、「ベトナムで建築設計をしている」というそもそもの軸足であることは間違いない。日々の業務を通じて、そこにこそ自分たちのわかりやすい価値があるのだと痛感している。改めて、この国の人たちと共に、ベトナムでモノをつくることに力を掛け続けることこそ、私たちの近年の活動目標である。

弊社新オフィスでのパーティ中。解説するパートナーの犬童

バンコク——東京

コンテクストから解放し、日常に接続させる

久米貴大

Bangkok Tokyo Architecture

二〇一七年、私たちはバンコクと東京を拠点とする建築設計事務所、Bangkok Tokyo Architectureを開設した。その当初から私たちの関心は、すべての人が自分で場所を発見し創造できる建築はどうしたら設計できるのかにあり、建築をどのように組み立てるべきか、どのような言葉で建築にアプローチするべきかを考え続けてきた。そして、その言葉と場所という領域を実践とフィードバックというかたちでぐるぐる回りながら、私たちの目指す建築をできる限り具体的に表現しようとしている。ここでの言葉と場所の内容はその都度入れ替わるもので、複数の要素が含まれる。私たちは、それら複数の事象の重なりを観察することで、多様な関係性を維持しつつ本質に迫れるのではないかと考えている。これには事務所の拠点が複数あることや、パートナーと共に事務所を開設したことが関係していると思う。現在、私たちは主にタイで活動しているが、まずは建築に対する基本的な考え方の元が生まれた一つのきっかけとしてネパールでの体験について記述し、その後、具体的な建築実践のなかでその考え方がどのようにタイという場所に適応し、次の言葉につながっていったのかを考察していく。

事務所開設とほぼ同時期に、私たちはネパールのランタン谷を訪れた。そこで出会った多くの美しい建築のなかでも特に印象的だったのが、山腹の大きな岩に寄りかかるようにして建てられた小屋で、そこでは登山者に対して茶が振舞われていた。岩は小屋よりも大きく、おそらく地元住人が落石から小屋を守るためにその場所を選んだのであろう。岩と小屋は一体化していて、内部では岩が壁の一部として現れ、棚が取り付けられたり、ストーブの壁として使われていた。私たちが興味をもったのは、この建築の始まりはどこにあるのだろうということだ。岩は周囲に空間を生み出し、そこに小屋が建てられ、小屋の前には広場ができ、広場には家具が置かれていた。岩は山の一部であり、山は地球につながっているように感じられ、どこまでが建築と呼べるのかわからないような、まわりのコンテクストとひとつながりの場所にとても驚かされた。

このような興味を基に、私たちはいくつかの言葉を見出し、建築の実践を通して、生成的な場をつくることを試みている。その一つが「House K」(二〇一三)である。これはバンコクの住宅地に建つ親子二人のための住宅である。プロジェクトの開始時から、家をイメージや欲望が先行する完結したものではなく、住まい手が変わっても、また家という用途を失っても、いつ誰が主体として参加してもいい場所として設計することを考えていた。そのためにはこの場所から自然に発生してきたような、同時に始まりも終わりも判然としない建築の在り方が必要だと思っていた。そこで、この場所で広く一般に共有されているコンクリートのグリッドフレームにレンガを積むという構法を変形し、それをそのまま表すことで住宅をつくることを試みた。これはすべての人が建築にアクセスでき、成り立ちを理解できるという公共性を住宅にもち込むことでもある。

遠く離れた場所で発見された言葉は、建築を通してタイに土着化し、新たな言葉を発見するきっかけとなる。私たちにとって建築は、離れた場所、新旧、ローカルとインターナショナルといった矛盾する要素が同時に存在することを可能にするプラットフォームである。日本から離れた場所で建築を実践するなかで、一つの文化や環境はその場所固有のものであると同時に、あらゆる場所に共有可能なものとして再構築することができると考えるようになった。

また建築は常にその場所のコンテクストから生まれるものだが、そこからどのようにしたら建築を解放できるかが今後の建築を考えるうえで非常に重要だとも考えている。あらゆる場所が情報化やグローバリズムの影響下にある今の時代、日常は離れた場所にあっても地続きであるがゆえ、ローカリズムを過度に美化するのではなく、建築を日常に接続させることが重要ではないだろうか。そのため複数の場所で建築をつくることで、その共通性を見出すことが私たちにとっては有効な手段なのだ。

ネパールのランタン谷にある大きな岩に寄り掛かるように建つ小屋

「House K」（設計：Bangkok Tokyo Architecture 二〇二三年）北東側外観。コンクリートのグリッドフレームにレンガや窓、カーテンなどが取り付く

上右：一階エントランス。コンクリートのグリッドフレームに対して少しずつずれながら取り付くトップライトや窓、階段　上左：模型写真。グリッドフレームが様々な方向に張り出し、全体は階段状の形をしている。張り出した部分は主にバルコニーや動線として使われる　下：三階内観。東西に連続水平窓、奥にはトップライト。ワンルームに水回りのコア（トイレと風呂）が家具のように配置される

久米貴大に尋ねる
―
バンコクと東京で設計事務所を運営するためのQ&A

久米貴大：一九八八年愛知県生まれ。二〇一二年立命館大学大学院理工学研究科修了。二〇一七年Bangkok Tokyo Architecture共同設立。Chulalongkorn University非常勤講師。主な受賞にRice University Spotlight Award 2024、Architecture Review Emerging Awards 2023。

［*Q1* 活動内容］

Bangkok Tokyo Architectureは、二〇一七年にバンコクと東京を拠点に設立された。現在は小中規模の住宅を中心に、商業施設、オフィス、インスタレーション、そして少し大きなものでは集合住宅などの設計を手がけている。これまでのプロジェクトには、リノベーション、新築、インテリアなど様々なタイプが含まれる。また私とパートナーのチャンヴィタン・ワタンヤは共に大学で教えており、国際ワークショップや大学を通じて毎年学生と共に寄付を募り、建築を実際に建てるプロジェクトなどを実施している。これまでの竣工数は三〇件程度だ。

タイでの建築設計は日本に比べて施工に時間が掛かることが多く、最近になってようやく竣工物件が増えてきた。現在、私たちのプロジェクトの多くはタイにあり、バンコクが最も多く、その他の地域でも複数のプロジェクトがある。また日本やミャンマーなどでもプロジェクトが進行している。

タイ、特にバンコクでは、今も非常に幅広いプロジェクトが行われている。たとえばローカルなDIY的なものから、ハイエンドのホテルや超高層ビルまで多岐にわたる。施工においても、職人の手仕事的なものからデジタルファブリケーションまでが設計の選択肢に入る。そしてそのすべてに私たちのような若い設計事務所でも関わることができる環境がある。バンコクの多様性に満ちた環境のなかで設計することに、建築家として大きな可能性を感じている。

［Q2 活動のきっかけ］

建築家として独立を考えたとき、ワタンヤと活動拠点をどこにするか話し合った。色々な候補地が挙がったが、二人とも世界中の異なる環境における建築の在り方に興味があったため、日本の一拠点だけで活動することは初めから考えていなかった。私たちは複数の場所から影響を受けた建築がどのように特定の場所に土着化していくのかに興味があった。私たちは二人とも日本で建築教育を受け、その後同じ設計事務所で働いていたので当然ながら建築の基本的な考え方は日本から大きな影響を受けている。日本的な建築の考え方をもって、他の場所で建築を観察し、実現することは面白いのではないかと考えていた。そのため、最初は私たちそれぞれの元々の拠点である、東京とバンコクの二拠点で活動を開始することにした。その後も必要に応じて活動場所も変えていけばいいだろうと。とはいえ、当時私たちは二人とも東京に住んでいたため、ひとまず東京で活動を開始した。しかし東京で特に仕事があったわけではなく、始めのうちは作品集や写真集などをつくったり、展覧会に出展したりしていた。こうしたかたちで活動をスタートしたが、そのうちにタイからいくつか建築設計の依頼が来た。そこから徐々にバンコクを主な活動拠点として比重を増やしていくことになった。

バンコクで活動を始めてすぐに、タイの環境の多様性に大きな可能性を感じた。ある種成熟した都市のなかで建築の歴史に接続しながら活動することも非常に魅力的で意義あることだと思うが、バンコクの多様で広域なコンテクストのなかから、建築の本質を追求することにより大きな魅力を感じたのである。

［Q3 事務所開設までのプロセス］

私たちの場合、まず日本で活動を開始し、そのことを色々な人に伝えているうちにタイから最初のプロジェクトが入り、事務所を開設したというプロセスである。最初のプロジェクトはタイのホアヒンという街に週末住宅兼民泊を新築するものだった。ホアヒンはバンコクから車で約三時間の場所にあるリゾート地だ。残念ながらこのプロジェクトは途中で中止になってしまったが、これをきっかけに生活の拠点をバンコクに移し、事務所を開設した。

始めのうちは、このようなプロジェクトの話が来ては止まることがいくつか続いていた。なかなか建築設計のプロジェクトが進まない状況のなか、大学で教える機会をいただき、まずは二人ともそれぞれ大学でスタジオをもつことにした。事務所を開設してしばらくはスタッフもおらず、二人だけだったので、大学の仕事をしながら、その間に建築プロジェクトの提案をたくさん行うというかたちで活動した。しばらくは友人のオフィスの一部を間借りしていたが、

スタッフとの集合写真

別の友人が活動場所を移動する際、一緒に移らないかと誘われ、シェアオフィスが手狭になっていたこともあり、事務所を移動させた。

様々な提案をしているなかで、初めて実現した建築プロジェクトはバンコク郊外にある広場に設計した屋

オフィスの様子

外マーケットである。このプロジェクトの実現が、その後のプロジェクトにつながっていった。大学の仕事も今でも私たちの事務所にとって重要なものであり、事務所を開設したときから現在まで色々なことがひと続きになっているような感覚がある。

［Q4 事務所運営］

バンコク事務所では現在、タイ人スタッフ三人と私たち二人を含めて五人が在籍している。小規模であるため、設計におけるスタッフ間の役割分担は特になく、全員がすべてのプロジェクトの状況を把握している。働き方はできる限りフレキシブルにと、基本は週四日勤務で、休みは週ごとに自由に設定できるようにしている。スタッフはそれぞれ別に自分の仕事をもっており、個人で設計活動をしたり、大学で教えたりしている。私たちのような小さな事務所では、それぞれが自立しながら集まっているようなかたちで働くことが重要だと考えている。

スタッフとのコミュニケーション

「House C」（設計：Bangkok Tokyo Architecture 二〇二三年）施行中の様子。コンクリートのグリッド状の柱が場所をつくる

「House K」一階母の部屋、入居後の様子。様々な持ち物が自由に置かれている

は英語で行っているが、建築的な考え方については日本語がベースだ。そのため言葉を文脈と共に伝えることが非常に重要だと思っている。特に私たちにとって、建築のプロセスで、言葉は最も重要な要素の一つだ。しかし私は日本語の文脈で使われる単語をそのまま英語に変換することも多く、初めて聞くスタッフにはそのニュアンスやコンテクストが伝わりづらいこともある。これは私たちとスタッフの建築的な経験が異なっているため起きることだ。たとえば「窓」という単語一つとっても、私たちとスタッフが頭に思い浮かべるイメージや意味は異なる。そのためスタッフとのコミュニケーションを特に重視しており、事務所旅行、書籍や映画の共有、様々なトピックに関するディスカッションなどを通じて、多くの会話を心がけている。これは私たちの建築的な価値観を共有するためだけでなく、海外からのインターンなどを含めてコミュニケーションを取ることで、チーム全体の価値観を広げられるという点に大きな価値を感じている。

よく一緒に仕事をする仲間には家具デザイナー、グラフィックデザイナー、イラストレーター、ライティングデザイナーなどがいる。私たちのクライアントは比較的クリエーターが多く、そのままクライアントと組むことも多い。タイには興味深いクリエーターが非常に多く、彼らの多くはタイだけでなく海外でも活躍している。仕事の依頼は、今のところ口コミやSNSを通じたものが多い。タイでは参加可能な建築コンペが限られていて、公共的なプロジェクトもあまりオープンにならないため、今後、どのように公共的なプロジェクトに関わっていくかが事務所の次の課題となっている。

[Q5 不在にする場所への対応]

バンコクと東京の二拠点で活動しているが、バンコクをメインの設計活動の拠点にしている。今のところ東京にはプロジェクトやイベントに合わせて年に数回、数週間東京の自宅兼事務所に滞在する程度である。

自分が不在にする場所への対応については、設計段階の打ち合わせではオンラインを活用している。タイと日本の時差は二時間しかないため、スケジュールを立てやすいという利点がある。たとえば現場が始まるなどで現地に実際に行く必要がある場合は、バンコクと東京は飛行機で約六〜七時間と比較的近く、移動がしやすいので、できる限り現地を訪れるようにしている。

私たちの事務所は代表者二名の体制のため、一人がバンコク、もう一人が東京にいるなどの方法で、それぞれのスケジュールに合わせて対応することも可能だ。その際のやり取りも主にオンラインで行う。また遠隔地でのプロジェクトをスムーズに進行させるために、協力事務所などを探して対応することも多々ある。

私たちの事務所では、建築の設計プロセスにおいて言葉を重要な要素と考えている。距離に関係なく、言葉を中心に設計を進めることが多い。この場合の〝言葉〟とは、単なるコミュニケーションの手段ではなく、建築の可能性を広げるための定義を指す。離れた場所への対応を考えているうちに、このような言葉を距離やコンテクストを超えるための手段として建築を設計するという方法にいき着いたという見方もできるかもしれない。

[Q6 働き方の工夫]

持ち物に関しては特に特別なものはない。仕事に必要なものとして常に持ち歩いているのは、ノートパソコン、紙とペン、そしてオンラインミーティング用のイヤホンくらいだ。特に私はA4のコピー用紙にスケッチや文章を書くのが好きで、常に持ち歩いている。裏紙でも構わないし、どこにいても手に入ることや、順番を変えたり、切ったり折り畳んだり

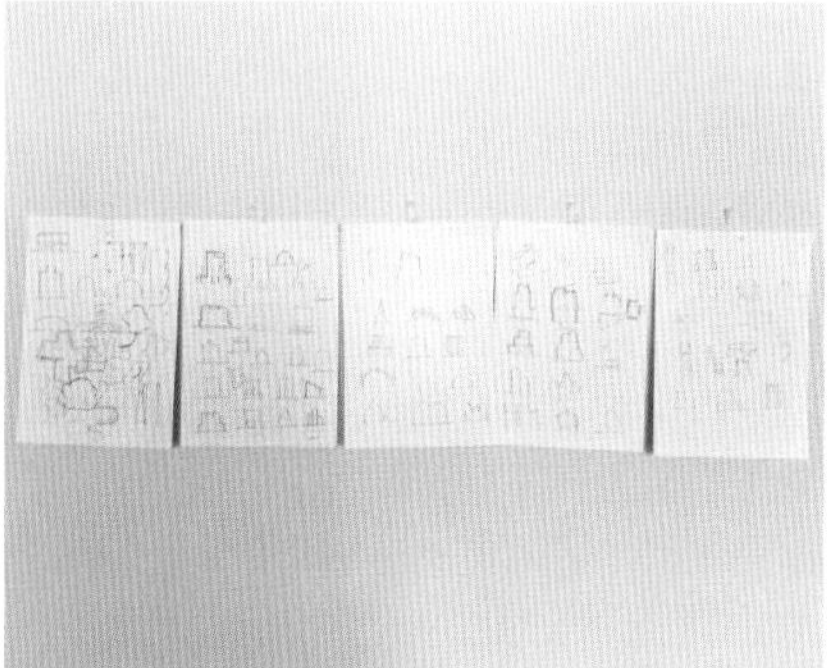

A4のコピー用紙に描いた建築のスケッチ

できるという点で使い勝手がいい。スタディ用の模型制作にもコピー用紙をよく使う。

スケジュールについては、オンラインでのミーティングを使ったり、私たちの場合は代表のうち、どちらかが対応できればよいことも多いので、日本にいるときと同じように進めている。移動時間が長くなるときは、その時間を文章に関わる作業などにあてることが多い。

バンコクと東京の両拠点はどちらも都市の中に基本的な仕事環境が整っているため、特別に自分で用意しなければならないものは少ない。このように多拠点で働いていても、少し移動時間が長くなる程度のイメージで活動しているが、どこに行っても変わらず同じように活動できるように、最小限で効率的な持ち物を心がけている。二拠点を行ったり来たりしているうちに、思考も持ち物も徐々に切り詰められていき、先に挙げたものとなった。

［Q7 資格や金銭面での注意点］

タイでの設計事務所の開設に関しては、言語、文化、法律の違いが主な障壁になるだろう。建築を設計するうえで言語、文化は非常に重要である。クライアントやスタッフとのコミュニケーションはもちろん、建築基準法の理解、確認申請の際の職員や現場での工務店、職人とのコミュニケーションは直接的に建築の質につながる。法律に関するものとしても、ビザの取得、建築士の資格の取得、起業に関する法律などがあり、外国人が単独で設計事務所を開設するためには様々なハードルがある。

生活費は、どのような生活をするかによって大きく変わる。他の項目でも少し触れたが、タイは非常に幅広い選択肢がある場所で、それは日常生活にも当てはまる。たとえば東京と同じような生活をする場合、生活費はそれほど変わらないが、現地のスタイルに合わせた生活をするのであれば、まだずいぶん安く生活することもできる。ただし家賃については東京と比較するとかなり安い。総合すると、生活費は感覚的には東京で暮らす場合の約七〇％程度だと思う。

また海外で働く場合、前提として英語が使える必要がある。ただタイで働く場合、必ずしも難しい英語が使える必要はなく、自発的にコミュニケーションができるかどうかが重要なことだろう。タイ語については、日常会話や建設現場で職人とコミュニケーションができると、より有意義な経験ができると思う。

［Q8 メリットとデメリット］

複数の拠点をもつことで、様々な環境や文化のなかで私たちの考える建築を建てられること、そしてそれらを観察できることが大きなメリットである。それは言い換えれば、複数拠点をもつことで、私たちはある種の第三者として特定の場所に所属することなく建築的知性のつなぎ替えを起こす存在として設計活動をすることができるということであると思う。

デメリットはあまり思い浮かばないが、強いて言うなら、距離が離れることでコミュニケーションや移動の時間が増えることが挙げられる。ただこのデメリットも前述した通り、メリットと表裏一体であり、距離や言葉などの複数性は私たちにとって建築を考えるうえで重要な要素だと感じている。

［Q9 今後の展望］

今の建築の考え方を軸にして今後も実践を続けていくことが最も重要だと考えている。そのうえでできるだけ多様なコンテクストのなかで建築を実践していきたい。たとえば、タイや日本だけでなく様々な場所であったり、新築や改修、住宅や公共施設など色々な領域を横断しながら建築を考え、その場所に関わる人々の様子を見てみたい。そしてその先に、すべての人が建築にアクセスでき、自由に意味を読み取れる、公共性をもった建築をつくりたいと考えている。

「Roof and Room」（設計：Bangkok Tokyo Architecture + INDA 二〇二四年）。大学のプログラムの一環で学生と協働して設計した多目的ホール

バンコク――東京

アジアでインターナショナルな建築教育に携わる

中村航
Mosaic Design

僕が設計課題の講師を務めるタイのチュラロンコン大学INDA（International Program in Design and Architecture）の教育はいわゆるスタジオ制で、一年から四年まで各学年九〇人程度、それぞれ十一人程度の教員が担当、一スタジオあたり学生が八人という濃密な環境だ。課題は毎年のコーディネーターによって変わるが、二〇二四年では一年生はオブジェクトを分解・再構成・変形・接合しながら空間をつくるというアメリカ的な課題から始まり、二年生では「住む」ということを分解して実験的に組み立てる課題、三年生では集合住宅や公共建築を題材としながら扱う。四年生はスタジオごとに教員が課題を出題するオプションスタジオを二セメスター行う。ディレクターのトーマスが「INDAでは同じ課題を繰り返したことが一度もなく常に新しい課題を模索している、それが我々の価値である」と言っていたことが印象的だった。前期は一年と三年、後期は一年と四年を担当している。四年のオプションスタジオでは教員が出した課題に対して学生がランクを付けてスタジオが決まるので、毎年の課題に対する学生の興味の傾向が可視化される。近年はコンピューテーショナルデザイン系の課題の人気が落ちているらしい。外から見ていた限りでは、その筋の先端的なことをやっているタイプの教員も多いので意外だったが、タイの経済が上向きで、建設の機会が増えて来たことが影響しているのかもしれない。一般に不景気で仕事がないと建築家たちは理論に向かうので、その国の建築理論や教育が発展し、好景気だと仕事が多く実践的なことに関心が集まる。今のタイは後者だということなのだろう。

三年の集合住宅課題では教員ごとにサブテーマ

を掲げるやり方だったため「Residence for Super Rich（超富裕層がいかにして低所得コミュニティに対して貢献できるか）」というテーマで取り組んだ。貧富の格差は大きな問題で、学生たちも大きな関心を示していた。四年後期のスタジオでは「Rooftop, Street Food and Shopping Mall」という課題を出題した。バンコクの都市を形づくる要素の類型学的なリサーチを応用しながら次世代の商業空間を考えるというものだ。同時にそれらは屋上や道路といった都市の本来の機能的空間のうえに「発見」され、通行のための空間を人々の集まる場所とするように、空間的価値を転換してきたようなところがある。そういった観点も含め、現代都市を構成する商業という課題に真っ向から立ち向かいながら、バンコク性をもった要素も含んで都市の価値を変える提案を目指している。学生

オリジナル屋台制作（INDA DEX2020 Instructed by Ko Nakamura）

屋台リサーチ（INDA DEX2020 Instructed by Ko Nakamura）

にとっては初めての商業建築の課題だが、セレクションプロセスを見る限りそれなりに多くの関心がある領域のようだ。

僕が代表を務める設計事務所MOSAIC DESIGNでは今は日本の仕事が中心なので、普段はオンラインで仕事をしながら頻繁に東京とバンコクを往復している。タイでも新しい仕事が始まりつつあるが、過去にはいくつかプロジェクトに取り組む機会があった。プーケットのリゾートホテル、ビラ、アユタヤのホテルなど、どれも途中で中断となってしまったが、敷地に通ったりプレゼンテーションをしてクライアントからは好評だった。敷地を見に行く当日に候補地が二つに増えたりと土地や需要はたくさんあって、皆が何かをやろうとする勢いを感じる。タイ社会の熱気が自分にも前向きなエネルギーを与えてくれている。

アユタヤホテル計画CG（制作：MOSAIC DESIGN）

プーケット島プロジェクトCG（制作：MOSAIC DESIGN）

中村 航に尋ねる

—

東京で活動しながらバンコクの大学で教鞭を執るためのQ&A

中村 航：一九七八年東京都生まれ。二〇〇二年日本大学卒業、二〇〇五年早稲田大学大学院修了。二〇二五年～日本大学理工学部建築学科准教授。チュラロンコン大学INDA講師。博士(建築学)、Mosaic Design代表。屋台から都市計画まで、いろいろな領域・スケールでデザイン・リサーチを行う。

［*Q1* 活動内容］

二〇二四年の夏から一年間、タイのチュラロンコン大学INDA（International Program in Design and Architecture）で教えることになり、バンコクと東京の二拠点で仕事をしている。チュラロンコン大学はタイの東大と呼ばれ、従来のタイ語の建築学科と、一年から四年まですべて英語で教育するINDAが並走する。一学年九〇人程度の学生に対して教員は四五人ほどおり、そのうちの七割は海外から集まった若手建築家たち、タイ人の先生もアメリカやヨーロッパで教育を受けた人が多く、非常にインターナショナルな環境だ。アジア圏で、英語で教育をするという利点はそこにこそあって、教えるほうにとっても刺激的で、多くの人が集まる文化的かつアカデミックなハブとなりつつある。学生のレベルも非常に高く、日本の大学のはるか上でアジアトップクラスであることは間違いない。その教育の秘訣を学ぶため、家族やクライアントや事務所の皆に無理を言って単身バンコクにやってきた。

とはいえ、日本での事務所の仕事も複数動いているし、日本大学でも教えているため、隔週で帰国する二拠点生活だ。バンコクでスタジオを教え、深夜便で東京に戻って現場を見て、またバンコクに戻る。ある週には理科大の学生たちとストリートビジネスのリサーチでホーチミンに行き、バンコクにいったん戻ってからすぐに早稲田の学生たちと墓地スラムのリサーチでマニラに行った。移動することで得られることは非常に多い。これだけグーグルマップや

チュラロンコン大学 INDA 教員と学生たちとの集合写真

SNSが発達し、現地の情報が調べられる時代にあってなお、現地で体験することでのみ得られる解像度は桁違いだ。結局のところ、人間はモノゴトを体験しないと理解できないので、強引にでも、自分を動かし続けるようにしている。

INDAでは各学期二つの学年のスタジオを担当しているが、インストラクターがそれぞれ課題を出す四年生のスタジオでは屋台、ルーフトップバー、ショッピングモールといったバンコクならではは建築のリサーチをベースにしながら、新しい建築のタイポロジーをつくり出し、バンコクの次世代の商業空間を考えるという課題に取り組んでいる。

拠点をもつとそれに反応してくれる人も多く、事務所としてもバンコクで新しい仕事が動き出しそうになっている。過去にもタイで仕事をする機会は何度もあったが、実現はせずに止まってしまった。僕の場合は大学教員としての拠点であって事務所はあくまで日本の事務所という扱いだけれど、それでも多くの仕事は人と人がつくり出すものなので、せっかくの機会を活かして実現できるものがあればよいなと考えている。

［Q2 活動のきっかけ］

元々明治大学のインターナショナルプログラムI-AUDで教えていたときに、チュラロンコン大学との協定があったため何度かバンコクでの国際ワークショップに参加する機会が

設計課題スタジオの様子

スタジオの壁に張り巡らされた提出課題のグラフィック

授業後は教員や学生たちとの飲み会になる

あって、INDAのインターナショナルな環境が良いなとずっと思っていて、新しく教員を探しているというタイミングで参加することができた。労働ビザの関係でほとんどの外国人教員が一年契約で随時更新をしていくので、毎年一定の入れ替わりがあるようだ。加えて、バンコクという都市そのものが非常に魅力的で、過去にリサーチをしたりプロジェクトに関わっていたが、他の教員も皆バンコクライフを満喫している。デザイン系のスタジオを週二日と技術系のスタジオを半日担当するのがスタンダードだ。

［Q3 大学就労までのプロセス］

僕はバンコクでは大学に雇われている立場なので労働ビザ取得などはADMINスタッフがサポートしてくれている。非常に親身になって協力してくれる一方で、良くも悪くもユルいタイなので、渡航費と二週間分の滞在費を支給されただけで、「自分の家は好きなところ探してねー」という感じだった。まあそれはそれで変な縛りがなくてよく、他のインストラクターに「このエリアがいいよ！」などとアドバイスをもらいながら不動産サイトで探して部屋を借りた。タイではアパートやコンドミニアムは原則家具は整備されていて、デポジットさえ払って契約書にサインだけすれば即日でも契約・入居できる。いくつかめぼしい物件をピックアップして内覧に行ったら「いつ入居する？サインは今する？」などと聞かれて逆に慌てることが何度かあった。今住んでいる部屋も、内覧した日にその場でデポジットを払って（払った証拠に現金をテーブルに並べて写真を撮らされた）仮押さえし、数日後に契約・入居することになった。その場でオーナーと不動産屋とライングループをつくって何かあったらやり取りしている。

タイに到着したばかりの頃、労働許可を取るために健康診断が必要だと大学の事務から連絡があった。そんな急に言われてもと思いながらホテルの近くの大きめの病院に行くと、あっさり検査をしてくれて一時間ほどで診断書を入手できた。大学の事務職員と一緒に労働許可を取りに行き、その帰りに労働許可をもって銀行口座を開設、その場でインターネットバンキングの設定をしてくれる。以降、すべての支払いは銀行口座と結び付いたQRコードで済んでいる。タイに住んでいる人はほぼ全員がQRで生活している。銀行の窓口でカードや通帳をつくるかどうかわざわざ尋ねられたくらいで、カードはその後一切使う場面がない。iPhoneには日本とタイのeSIMを入れていて自動で切り替えて使っている。買ったらその場でiPhoneの設定までしてくれて、一年契約で価格も安い。

海外に出るときはリエントリーパーミットというものを空港で申請してから出る必要がある。ビザは日本のタイ領事館で有効三ヵ月の滞在ビザ（一回入国のみ）で入国し、現地の入管で一年間の延長申請をする。

また、この機会にブランチオフィ

スの開設なども頭をよぎったが、タイでは事務所を開設するにはそれなりの資本金やタイ人の従業員の割合など、ドメスティックな雇用を守る法律があって簡単ではないことがわかり断念。ただ人と人が皆LINEでつながってモノゴトが進む国なので、形式にとらわれることなく、同じ都市に住んでいるというだけで、仕事が増えていく予感はある。

［Q4 事務所運営］

タイと日本は二時間の時差なので、少し早起きすれば日本の午前に合わせてオンライン会議をし、その後八時頃（大学は八時から始まる！）から、タイの日常生活を送ることができる。大学の授業が終わる一七時にミーティングを設定すると日本時間では一九時。相手によってはそれほど苦でない時間帯であり（もちろんどうしても必要なときや大学の授業がない日は一日中対応できる）、何とかなるものだ。事務所の仕事も図面や資料はすべてクラウドで共有していて、スタッフとのやり取りもチャットで、デザインも3Dで主に進めているため支障はまったくと言っていいほど感じない。もちろん、現場に行く、クライアントと会う、模型をつくるなどの物理的制約はあるが、それを前提に動き、日本でサポートしてくれる人たちもいる。その分こちらでとにかく色々なことを学び、別のかたちで貢献したい。

［Q5 不在にする場所への対応］

MOSAIC DESIGNのスタッフとはGoogleドライブですべてのファイルを共有していて、コミュニケーションはSlackでやり取りをしている。毎日頻繁にやり取りを続けていて、進捗やデザインに関する議論などもSlack上で簡潔するため、所内ミーティングすらほとんどする必要がない。現場監理は協力事務所にヘルプを依頼、クライアントとの打ち合わせは極力オンラインにしてもらい、日本に戻ったときには現場や敷地調査を優先的に入れるというやり方だ。

［Q6 働き方の工夫］

複数拠点をもつということは、旅行のように荷物を持ち歩く必要がなくなるので、家から職場に通うくらいの感覚で、トートバック一つでバンコクと東京を行き来することができる。僕は東京でも、元々事務所や大学やカフェを転々としながら仕事をする多拠点スタイルだったので、ラップトップ一台ですべての仕事を完結できるようにしてきた。本当はすべてクラウド化したいが、移動先でWi-Fiがない／遅いといったことも多いので、プロジェクトが佳境に入ってくると自分が動かす3Dやインデザインのデータはダウンロードしてローカルで作業できるようにする。ファイルのリンクが絡む作業は、通信環境の有無によって不具合が起きることが少なくないのがネックだ。MacBook Pro にParallelsでWindowsを入れ、レンダリングなどはWindowsでやるなど状況に応じて使い分けているが、Apple Siliconになってから連携がやや落ち、完全な作業環境の構築にはもう一歩ながら、何とかやりくりしている。

他には図面チェックやスケッチなどのためにiPadも必要で、適材適所でやっているつもりだが、なんだかんだノート、タブレット、スマートフォン（リサーチなどの際には一眼レフも）を常に持ち歩くことになるので、身軽さを含めた理想の環境にはさらにもう一歩という感じはある。

【Q7 資格や金銭面での注意点】

タイでは銀行口座と連動したQRコードですべての支払いをすることができるので、スマートフォンで完結し、現金もほぼ不要だしATMや銀行に行ったりすることも必要がない。それでも口座をつくる前は何だかんだ現金が必要なので、最初はあまり現金を持ってこなくて不便な思いをした。

また、口座をつくった後も大学から給料が入るまでに少しギャップがあり、Wise Transfer等で日本の口座からタイの口座に海外送金したりする必要があった。給料が振り込まれる前に住居の契約のため家賃を三ヵ月分払わなくてはならないなど、出入金にギャップはつきもので、もう少し余裕をもっておくべきだと反省した。また海外からの操作を不審に思われインターネットバンキングを止められて困ったことがあった。

「Q8メリットとデメリット」

二つ以上の拠点をもつことでのメリットは無数にある。価値観を広げ、インスピレーションを広げてくれるし、移動し続け、色々なものを見続けることがクリエイティビティを広げるのは間違いない。広く浅く見ることと、狭く深く見ることを共存できるという意味でも、ただ旅行ではなく、拠点をもつということのメリットは大きい。唯一のデメリットは、移動時間のロス。それでもバンコクと日本は時差二時間、フライト時間六時間で毎日深夜便があるなど、それは自身の頑張りで解消できるあたりも、とても住みやすい都市だなと思う。

屋台とテントがつくる都市の風景

ホーチミンのホテルで部屋を実測しながら沖縄のホテル計画について考え、バンコクの屋台で食事をしながら東京の飲食店のアイディアを思いつき、空港で効率的な動線について考え得たり（空港のプロジェクトなどまったくないにも拘らず）、バンコクの集合住宅には当然のように付いているプールで理想の集合住宅の共用部について考える。そんな具合に、思考を広げるには行動範囲を広げ、何らかの体験を重ね、ものごとへの解像度の高まった状態を無理やりつくり出す、それが自分の能力を最大化する唯一の方法だと思う。

【Q9 今後の展望】

建築家として日本に事務所を構え、海外の仕事をすることもできる。日本の地方で仕事をするときと同様、ローカルの設計事務所と組んで仕事をすればよいし、そのようなグローバル化は今後より進むだろう。そのエリアで仕事が増えれば現地の拠点をもつこともできるかもしれないし、仕事の有無にかかわらず飛び込んで拠点をもつことで広がることも確実にある。ただその難しさも当然あって、流石にいきなり海外進出というわけにもいかないよね、という場合には僕のケースのように、大学で教えるということも選択肢の一つだ。タイでもシンガポールでも香港でも、もちろんアメリカやヨーロッパでも、多くの大学は英語教育（もちろん現地語でできるなら可能性はもっと広がる）が可能で、野心と思い切りと多少の能力さえあれば選択肢は広がる。

日本の大学に比べ、海外の大学の傾向として、必ずしも実務家が教育に当たるわけではない。日本では少なくとも意匠系の教育は実務をする建築家が行うのが一般的で、多くの大学で非常勤講師になるのでさえ一級建築士資格を求められたりするし、実作でないと実績にカウントされないことが多い。一方で、こちらでは教育を通じて建築の概念を拡張していくという考え方が一般的で、建築家とは実務をしているかどうかではなく何か新しいものを生み出そうとしているかどうかである、という雰囲気がある。実力主義というか、資格や年齢は関係なく、実作の有無も関係なく、でも何かすごいものをつくるとか、めちゃくちゃ実験的なことをやっているとか、建築家としての活動領域の幅が広い。そういった人々との関わりで得た経験を、日本での教育にも活かし、建築家としての活動も広げ、事務所の仕事もより外に向けて広げるきっかけになればよいなと考えている。

ニューデリー――東京

持続可能な社会をつくる建築の探求

飯塚哲平

Studio Juggernaut

二〇二三年にインドの人口は一四億二八六〇万人と中国を上回り、世界でもっとも多く、世界人口の一八%を占める国となった。近年では国内外からの投資が増加し、急速に都市化が進む一方で、文化的に多様で複雑な歴史もある、インド特有の問題が浮き彫りになっている。

現在、インドの建設業務労働者は約一億人、その内訳では「現場移住型の非熟練労働者」が全体の八〇%にあたる八〇〇〇万人と推定される。建設現場には仮設の集落が出現し、竣工すると次の建設現場へ移住する。彼らは経済的に疎外され、十分な教育を受けられずにいる。経済発展に伴い、建設分野でも漸進的に機械化が進み、手作業に基づく技術が失われるなか、非熟練労働者の生活はさらに逼迫し、大きな社会問題となっている。

二〇二〇年のロックダウン時は、仕事を失い数千万人の出稼ぎ労働者が灼熱のなか、都市部から数千キロを移動して故郷を目指すニュースが連日取り上げられた。しかしながら、進行していたプロジェクトは富裕層向けの住宅やオフィス等。貧富の差が非常に大きいインドでは、ごく一部の人としか関われないことに葛藤があった。そのようななか、我々にとって大きな転換点となったプロジェクトが、パンデミックと同時期にスタートした週末住宅「HAND MADE」(二〇二四年竣工予定)である。施主は州間移民労働者の支援を行うNGOを主催しており、建築プロセスと労働者の関係性を再考することで、数十年、数百年と持続可能な、建築業界における新たなエコシステムとそれを支える建築の在り方を追求するという目標を掲げ計画を進めた。

敷地は首都デリーとムガル帝国の中世の都アグ

ラの中間に位置する地方の小さな街。レンガの生産地で知られ、街にはレンガ窯が点在し独特な風景を形成している。インダス文明から四〇〇〇年以上たった今もレンガは主要建材であり、非熟練労働者との関係が強い。また、熟練工は都市部へ集中しており、地方では非熟練労働者（女性や子どもも多い）に頼る必要があるため、RC造やS造ではなくレンガの組積造を選択した。

地産レンガ約三〇万個を用いて週末住宅を計画するにあたり、設計段階から施工の各フェーズにおける非熟練労働者の生活やスキル向上を総合的に計画した。第一段階として、敷地内に労働者とその家族が住むための仮設住居を建設した。母屋と同じレンガを使用し、泥ベースのモルタルで固定することで、解体時の二次利用に配慮した。第二段階は、構造強度や施工方法の検証に加えて、労働者のスキルアップを図るための屋根のモックアップ。竣工後は、農場の見晴台として活用する予定である。第三段階は、母屋の二スパンからなる管理棟で、母屋の納まりの確認及び、施工手順の教育を図るモックアップハウス。竣工後は農場や建物の管理を行う、非熟練労働者に長年にわたる居住権を与える住居となる。最後にこれまでの工事で培った技術の集大成となる母屋。電気・機械設備、防水、ガラス工事など、都心部から呼び寄せた熟練工の仕事も含む。職人の人工が日本の一〇〇分の一程度で、機械を導入するより安価になるという状況を最大限に活かし、手作業でしか成立しない「動的な組積造」を追求した。都市部での急ピッチな建設とは異なり、生産と教育のバランスを考慮しゆっくりと建設される計画とした。

また日本的な「設計監理」とは異なる建設現場

に住みながらつくる職人の意見を積極的に取り入れるボトムアップ型の設計手法を模索した。一年以上現場に住む職人からの言葉は、「昼寝をする時間帯はここが風が気もちよい」「仮囲いに登ると川が見える」など原始的であるものの、シミュレーションやVR・三六〇度カメラの情報よりも想像力を喚起するという発見もあり、今後のプロジェクトでも試行錯誤をしていきたい。

　本計画は、建設現場移住型労働者に対する特殊解であり課題を解決するモデルになるわけではないが、改めて建築という行為が社会に与える影響の大きさやプロセスを通じた教育の可能性に気づく機会となった。マイノリティを受け入れる寛容なインドでは様々な発展の在り方が議論されている。従来型の資本主義の都市化の進展に対して、異なる価値観や時間軸をもつ外国人である私の役割は、時代の流れで淘汰される手仕事による職人技とそれを支える社会の関係性を再考して、持続可能な建築の在り方を提示していくことである。

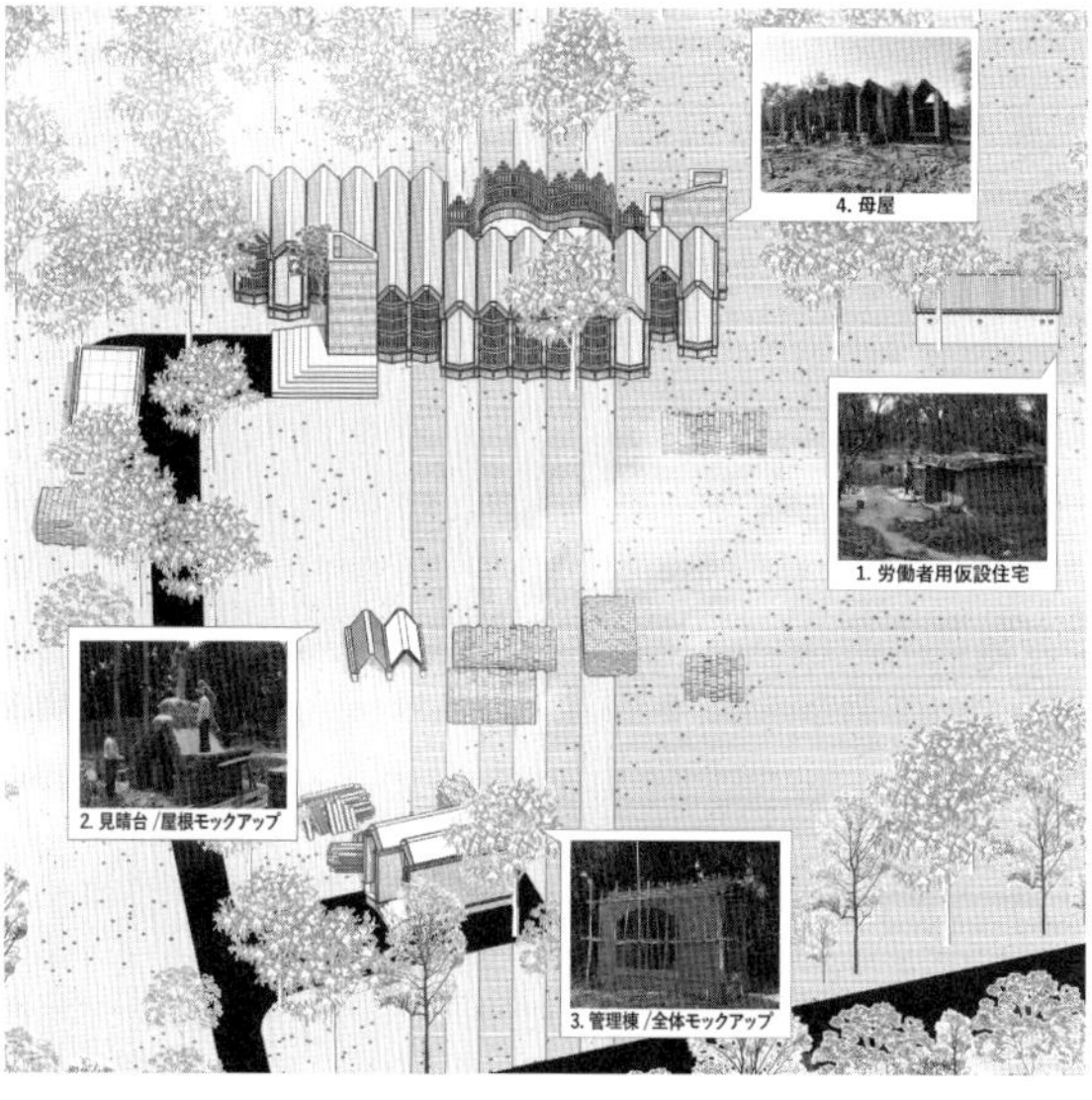

生産と教育のバランスを考慮したスローコンストラクションをテーマに、配置計画および第一段階～第四段階までのプロセスを示したアイソメ図

右：資材を運ぶ専門の非熟練労働者。一個あたり五キロのレンガを頭に載せて運ぶ　左：屋根のモックアップで荷重試験。三種類つくる過程でレンガの積み方を最適化

建設現場に住みながら働く労働者の風景

「Gooseberry Orchard House」（設計：Studio Juggernaut 二〇一五年予定）母屋の外観写真。地産のレンガ及びサンドストーンを用いることで地域に根付く建築を目指した

飯塚哲平に尋ねる

―

ニューデリーと東京で設計事務所を運営するためのQ&A

飯塚哲平：一九八七年新潟県生まれ。二〇一一年早稲田大学創造理工学部建築学科卒業。二〇一三年米国ヴァージニア大学大学院修了後、スイスのHOSOYA SCHAEFER ARCHITECTS、隈研吾建築都市設計事務所。二〇一八年Studio Juggernaut共同設立。二〇二四年〜慶応義塾大学環境情報学部助手

［Q1活動内容］

STUDIO JUGGERNAUTは、ニューデリーと東京を拠点とし、建築設計、都市デザイン及び都市計画に関する調査、分析を専門とする建築家ユニットだ。プロジェクトは住宅、共同住宅、オフィス、工場、商業・文化施設、都市デザイン。規模は家具やパビリオンスケールから数万平米と多岐にわたる。計画地はインドが五〇%、日本が三〇%、シンガポール、タイ、中東などその他海外プロジェクトが二〇%程である。クライアントの比率も同様だが、近年インドのプロジェクトは日系企業を含め、インドへ進出する海外企業からの依頼も増加している。

竣工数は三件／年程度だ。特にインド人クライアントのプロジェクトは遅延やキャッシュフローの問題で建設途中でも数年止まることが多く、発展途上国ならではの不安定さに振り回されることが多い。一方で平均年齢（中央値）が二八・六歳と若い世代が多く活力に溢れている。事業の構想力、推進力、資金力を兼ね備えた新たな挑戦に責任を取れる有望な若いクライアントが多いことに可能性を感じている。

またインドと日本、双方の大学教育にも携わることで、実務と教育のバランスを保つように心がけている。

［Q2活動のきっかけ］

学生時代に中国の都市化において建築が社会に与える影響の大きさを目の当たりにした。ネクストチャイナとしてBRICsの一つであるインドには漠然と興味はあったものの、バ

ックパッカーとして訪れたインドは他の東南アジア諸国とは異なり、なかなか馴染めない印象を抱いた。その後アメリカの大学院在学中に現在のインド人パートナー、ハーシュ・ジェインとルームメイトになり、日々語り合うなかで建築家としてインドに関わる可能性を考え始めた。スイスで一年働いた後二〇一四年にヴァージニア大学のインドスタジオの助手をきっかけに、デリーを拠点にハーシュ・ジェインと一緒に仕事を始めた。当時はモディ政権が誕生し大きな改革への期待もあったが、改革による混乱もあり進行していた公共案件は支払いのないままキャンセルとなり、時期尚早と判断して撤退。東京に戻り設計事務所に勤務しながら次の機会を伺っていた。

その後、二〇一八年よりもう一名のインド人パートナー、サウラブ・ジェインを迎えて再挑戦をしている。制度面や文化面でも参入障壁が高くインドを拠点に活動している日本人建築家は非常に限られている。選択肢があるときに、結果が想像できないがワクワクする道を意識的に選択し続けた結果インドへとつながっている。

［Q3 事務所開設までのプロセス］

事務所を設立した際は、パートナーそれぞれがフリーランスとして活動していたこともあり、それぞれ仕事をもち合って始動した。急速に変化する社会に対してどのようにアプローチするのか、多様な人々の様々な価値観を通じてその場でしかできないプロジェクトをつくる方法について議論するなかで、多様な価値が混ざり合う「プラットフォーム」として事務所を捉え、コラボレーションの形態で進めることにした。当初はプロジェクトの進め方にバラツキがあり苦戦した。パートナー三人での話し合いは議論好きなインド人の国民性もあり、多数決による決定となることはなく徹底的に議論や衝突を重ね、試行錯誤するなかで三つの事務所を統合した現在のかたちに落ち着いている。

インドを一言で言い表すときによく使われる言葉に「多様性のなかの統一／Unity in Diversity」がある。「出身地、言語、宗教、カースト／ジャーティ」という四つのアイデンティティで規定され、同じコミュニティ同士のつながりが非常に強いのが特徴だ。インドにおいては、事務所設立時からパートナー二名のネットワークを中心に仕事の依頼だけでなく、事務所を破格で貸してくれたり、弁護士や税理士などの専門家ともつながっていき、ローカルコミュニティの大切さを痛感した。

設立時はデリー都市部での住宅の改修や増築、グルグラムやノイダなど郊外で新築の計画など設計のチャンスは多いものの、竣工までたどり着くプロジェクトの少なさに焦りを感じていた。設立初期の苦労したプロジェクトの一つにフランス語学習・文化施設である「アリアンス・フランセーズ・デリー」（二〇二〇）がある。招待コンペを経てフロントデスク、コリドー、カフェなど、主に三つのスペース（計二六五平米）の内装改修をデザインビルドとして担当した。設計自体はスムーズに進んだものの、着工後に施設側の変更要望やパンデミックと重なり、想定工期の約三倍もの期間が掛かった。支払いが引き延ばされたこともあり、資金が底を突きかけた。金利が一〇％程のインドでは銀行から融資を受けることは稀で、キャッシュフローの管理がいかに重要か学ぶことができた。非常に苦しいプロジェクトだったが、所長として職人の手配から現場に携わることができ、日本とはまったく異なる環境にカルチャーショックを受けつつも、その後につながる良い機会となった。

事務所拡張のために昨年増築した模型製作スペース兼インターンスペース

［Q4 事務所運営］

現在の体制は、ニューデリーと東京にそれぞれ事務所があり、自分は東京を拠点としている。両拠点併せてパートナー三名＋設計スタッフ七名前後、インターン二名、事務一名（日本人二名、インド人十一名）。東京事務所は私と設計スタッフ一名の体制である。インド国内のプロジェクトは基本的にインド人チームを中心にチーム内打合せに私が参加して確認を進めることが多い。ここ数年はインドに進出する日系企業を含めた外国企業からの依頼も増加しており、インドでのプロジェクトの比重が増している。日本国内のプロジェクトは私と日本人スタッフ、インド人パートナー、インド人スタッフが連携して取り組んでいる。

インドでは公共案件は未だに透明性が低く、コネや中間マージンなどが横行しており、デザイン性に対する関心が低いこともあり多くの建築家にとって関心は高くない。民間案件は企業からの依頼も含め紹介が七〇%、飛び込みが一五%、指名コンペが一五%程だ。

ニューデリー事務所での集合写真。若いスタッフが多く活気に溢れている

設計料の算定は人工ベースや工事費の〇〇%のように日本と変わらない。ただし工事費が日本の六分の一程度なのでインドでの設計料も六分の一程度となり、小規模プロジェクトが多いと経営が難しい。インドでは中〜大規模プロジェクトや外国人クライアントのプロジェクト、日本国内のプロジェクトをインド人スタッフと進めることで経済的に安定し、小規模でも面白いプロジェクトを受けられるように工夫している。インド人スタッフの給料は日本の六分の一程度、月に何件かアプリケーションを受けるほど建築を学ぶ学生も多く若い人材は豊富である。しかし二年程で転職や修士課程への進学、独立と流動性が激しいことは我々のような小規模事務所にとっては悩みの種だ。最近は七年以上の実務歴のあるスタッフが増えてようやく安定してきた。

設計プロセスは日本とインドで大きな違いはない。ただし設計期間が非常にタイトなことが多く、施主によっては変更が多く発生する。二〇一九年からBIMソフトのREVITを導入して、タイトなスケジュールのなかでも対応できるようにしている。また実施設計時に積算の数量を拾う必要があるためREVITの活用は非常に役立っている。

協力事務所は、構造、設備、ランドスケープと日本と同様だ。プロジェクトによっては、積算やインテリアデザイナーが加わる。夏季の最高気温が五〇度近いように気候条件が非常に厳しいため、温熱環境や省エネルギーに関する協力事務所を入れて基本設計時からBIMモデルを活用し温熱環境のシミュレーションをして計画することも多い。

議論好きな国民性もあり設立当初はインド人スタッフとの打合せは長時間化し、意図が上手く伝わらないことが多く苦戦した。スケッチや図面、模型、3Dモデルなど視覚情報ありきで短い言葉で説明することを徹底すると共に根気強く勉強会を開催することで、クリエイティブな生産性が向上した。またパートナー間では抽象的な議論やプロジェクトを通じて共通言語が蓄積され、簡単に視覚化や言語化ができないコンセプト立案時にも妥協せずに進めることができるようになった。

［Q5 不在にする場所への対応］

事務所設立時はインド案件が中心で二ヵ月に一度は東京からニューデリーを訪問して、その他はオンラインを中心にやり取りしていた。しかしパンデミック以降は日本国内の案件が増加したことやオンライン打合せにストレスが減ったこともあり、四ヵ月に一度の頻度で一〜二週間程度滞在するかたちで落ち着いている。インド人パートナーも同様に東京へ訪れて打合せや現場確認を行っている。

それぞれの国にパートナーがいるので、一つのプロジェクトに対して、その国のパートナー一名を責任者とし、副責任者としてパートナー一名、プロジェクトの規模に応じてスタッフを配置してチームで取り組んでいる。WhatsApp等でプロジェクトごとにグループをつくり、リアルタイムでやり取りをすると共に、プロジェクトごとの打合せ、パートナー打合せ、事務所全体の週次定例を三〇〜四五分／回と時間を制限してコミュニケーションを取っている。オンラインが中心になるため、模型写真、スケッチ、3DCGの動画を駆使して視覚的にわかりやすい資料を心がけると共に、視覚中心になることで見えにくくなる設計のプロセスや意図を意識的に拾い上げて表現するように徹底している。

［Q6 働き方の工夫］

インドとの時差（三時間半）を有効に活用するために、日本時間の午前中は図面チェックやデザイン検討を行い、インド事務所が始業する午後一三時三〇分までにコメントを共有し、インド時間の午前中に所内打合せや施主打合せを行う。インドでは、インド時間の午後に各自作業を進め、終業までにアウトプットを共有→日本時間の午前中の確認というサイクルで進めている。以前は時差の関係で夜遅くまでやり取りしがちだったが、家族や友人との時間を大切にするインド人と一緒に仕事をするうえでワークライフバランスの重要性に気づき、現在のサイクルに至っている。

インドに行く際は主にクライアントミーティングと現場確認が中心だ。タッチディスプレイのラップトップ一台あれば不自由なく仕事ができるので、なるべく荷物は少なく移動している。インフラは整いつつあるものの、地方に限らず都市部でも停電やインターネットが途切れるなど未だに不安定なため、書籍を何冊か持参する。また現場によっては竹の仮囲いを登る必要があったり、日本の現場と異なり総じて足場が悪いので動きやすい靴が必須だ。夏場は五〇℃近い猛暑になるので、暑さ対策グッズは必需品である。

［Q7 資格や金銭面での注意点］

インド国内で建築士の資格を取得するにはAICTE（全インド技術教育評議会）認定の学校や大学で建築学位を取得し、建築評議会に登録する。日本のように実務経験や試験はない。

日本同様にスケッチや模型は重要なツール。3Dプリンターも普及している

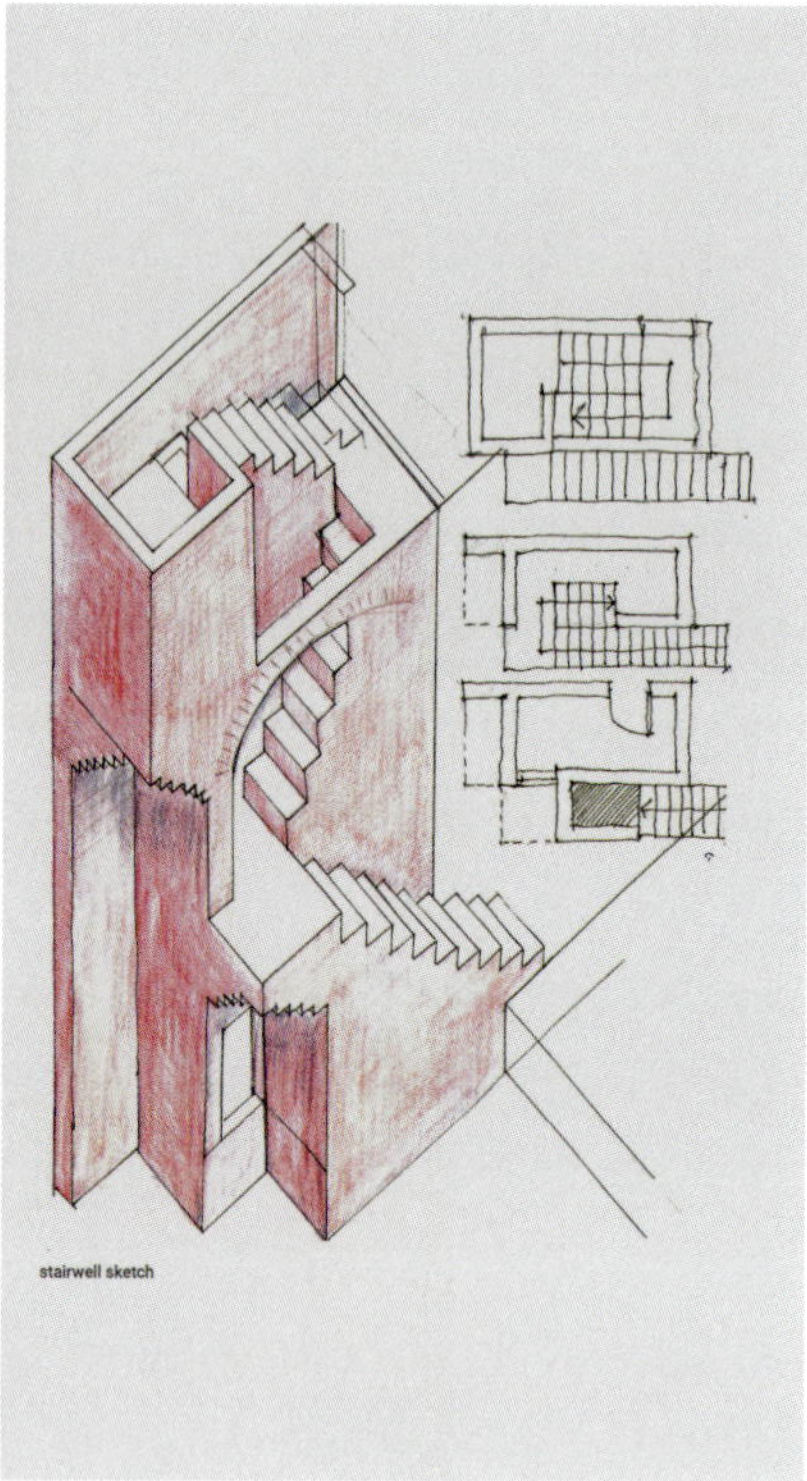

インドでは建築分野に限らず独立をする文化が根付いており、多くの個人事業主がいる。ただし資金繰りが厳しいのが実情で、ある程度の資金がないと事業を継続することが難しく、毎年多くの廃業届が出されると聞く。

事務所の運営面では、国、州、市、町でそれぞれ条例等があり煩雑で、かつ制度が政策と共に変動するため専門家に依頼している。たとえば労働基準法・条例は国内で統一する動きはあるものの、現在五〇〇近い数があるといわれており、インドの多様性を物語る。外国企業にとっては間違いなく参入障壁となっており、現地の専門家と紐解いていく必要がある。

建築設計で就労ビザを取得するのは給与面でハードルがあるのが現状だ。就労ビザの取得には年間二万五〇〇〇USD以上の所得（デリーの新卒者の平均年収の四倍以上）が必要となり、現地の物価を考慮するとなかなか難しい。インターンビザまたは学生ビザで対応せざるを得ないのが実情だ。

［Q8 メリットとデメリット］

成熟し縮小していく日本、発展途上で拡大していくインド、まったく異なるフェーズにある二つの国を拠点とし両国を移動することで、考え方を固定化しがちな常識を柔軟にしておくことができる。それによりプロジェクトに先入観なく取り組める状態を保つことができる。

事務所を運営するうえでわかりやすいメリットとしては、他事務所と

上：ニューデリー住宅の工事現場にある竹の足場。手ぶらでないと登るのは難しい　下：電気自動車工場の改修（設計：Studio Juggernaut 二〇二五年予定）
インドでは珍しい鉄骨補強によるレトロフィット

の差別化により仕事を受注しやすいこと。また比較的安価で豊富な人材を日本や海外プロジェクトに配置できるコスト優位性や人材確保のメリットが大きい。一方で、両国の物価の違いから、リソースの交換は一方向に偏りがちであることがデメリットとして挙げられる。

またそれぞれの国での最良だと思われる手法や知識を検証する過程で、当たり前だと思うことを疑い、仕組みや成り立ちについて考えるきっかけになる。たとえばインドでは工事の分離発注が一般的だが、それゆえに工期の管理や品質管理がずさんだ。日本の一括発注方式をインドで取り入れることが可能か、何が障害になるのか、インドに進出している日系ゼネコンにヒアリングをするなど一つ一つ丁寧に検証していくことで学びの機会になっている。一方インドでは一見原始的に見られる事象が一周、二周回って「非常に新しく普遍的な魅力をもつ」ように感じられる発見があり設計の端緒になっている。

【Q9 今後の展望】

我々のインドプロジェクトの多くはインド北部デリー近郊が大半を占めている。EU諸国の八〇％程の国土をもち、多様な気候風土や言語（一二二の言語と一二三四の母語、内二二言語が公用語）があるインドでは州をまたいで仕事をするのは海外で仕事をする感覚に近い。ここ数年インドへ進出する海外企業からの依頼により、ムンバイや南インドのバンガロールやハイデラバードなど異なるエリアに挑戦する機会に恵まれた。一筋縄ではいかないが、多様な人々の様々な価値観を通じてその場でしかできないプロジェクトに根気強く取り組んでいきたい。

また慶応義塾大学SFCにて担当している小林博人・細谷浩美共同研究プロジェクト「インドにおける建設現場移住型労働者を対象にした新しい居住形態」にも力を入れている。冒頭で述べた建設現場内の仮説集落・労働者コロニーを調査対象に、インドの大学や日系ゼネコンと連携して研究を進めていくことで、実務とは異なるアカデミックならではのアプローチを探究したい。

第五章　アフリカ

カンパラ＝東京

揺らぎと骨格

小林一行
樫村芙実
テレインアーキテクツ

私たちテレインアーキテクツが手掛けるウガンダの建築は、木材やレンガなど現地で入手可能な素材を使って、職人たちの限られた技術でつくられる。このことに間違いはないけれど、都市拡大の只中にある首都カンパラではそれほど単純に素朴でも土着的でもいられない。鉄やガラス、セメントは手に入るし、西洋や中東の影響力はとても強い。材料やつくり方に一つ一つ向き合うことは勢いのあるアフリカの今の流れに抗っているかもしれないけれど、触れたいのは材料や技術を培ってきた地勢であって、表面の流れに目を奪われていてはそこに到達することができない。小さなチームでウガンダと日本で協働し、お互いに第二外国語としての英語を介して対等にコミュニケーションが取れることは、私たちが慎重に地勢と向き合い建築をつくるための大切な要素でもある。

当たり前のことだけれど、誰とどう建ち上げていくかがプロジェクトを実現させる大きな鍵となる。ウガンダでは現地のスタッフや職人に向けて、設計の意図が伝わりやすいように形や構成の単純化は意識的に行なってきた。それによってできる形が単純かつ厳格な骨格をもつ建築であるという印象を与えることもあるようだが、様々な状況が揺らぐなかでつくられ、存在するその骨格はとても大らかだ。周辺の建物と比して一見新しく驚きを与えるが、よくよく見てみればこれなら自分たちの技術や馴染みある材料でもつくることができそうだとウガンダの人々を安心させるところがあるという。彼らは気兼ねなくその骨に寄り掛かり、戯れ、傷をつける。木フレームが連続し大屋根を掛けた「やま仙／Yamasen Japanese Restaurant」（二〇一八）、平行に並ぶレンガ壁で構成された「AU dormitory」（二〇一五）など単純な骨格は不揃いな素材や職人の手仕事の揺らぎと共にある。人々が痕跡を残しながら建築をつくり、使っていくことで少しずつ建築が地勢の一部となっていることを感じる。ウガンダを通して見ると日本はいつも新鮮で、その逆も同じく発見や気づきの連続である。国を問わず、地球の南北を問わず、揺らぐ状況を受け容れるような骨格を考えていきたい。

上：「やま仙」現場で鉄をカットして加工する溶接工　下：「やま仙」木フレームのジョイントをつなぐ大工

「やま仙／Yamasen Japanese Restaurant」（設計：テレインアーキテクツ　二〇一八年）内部。地元のユーカリ材が構造、内部仕上げに使われている

ウガンダで一般的な焼成レンガの製作風景

「AU dormitory」（設計：テレインアーキテクツ 二〇一五年）。中庭に学生たちが集まる

「やま仙」テラスの様子。赤道直下だが標高の高いカンパラでは、木陰の下は一年を通して涼しく心地良い

小林一行と
樫村芙実に尋ねる

—

カンパラと東京で設計事務所を運営するためのQ&A

小林一行：一九八一年兵庫県生まれ。二〇〇六年武蔵工業大学（現・東京都市大学）工学部建築学科卒業、二〇〇九年東京芸術大学大学院美術研究科建築専攻修了。藤木隆男建築研究所勤務の後、二〇一一年テレインアーキテクツ共同設立。現在リバプール大学客員教授、東京都市大学非常勤講師。
樫村芙実：一九八三年神奈川県生まれ。二〇〇五年東京芸術大学美術学部建築科卒業、二〇〇七年同大学大学院修了。八島建築設計事務所、Boyd CodyArhictects勤務の後、二〇一一年テレインアーキテクツ共同設立。現在、東京芸術大学准教授。

【*Q1* 活動内容】

東アフリカ、ウガンダの首都カンパラと東京の二つの都市を拠点として活動している。建築の企画から設計、現場監理、かつ工事のマネージメントを行うこともある。すべてのプロジェクト、建築のすべてのフェーズにおいて、日本のスタッフとウガンダのスタッフが共同で進めている。敷地ごとにウガンダ人のコンサルタントとも協働する（ウガンダの場合は積算士Quantity Surveyorと初期段階から協働することが多く、竣工まで並走する）。またウガンダでの建築施工時には、スタッフが現場にいることの重要性は上がり現場の状況の把握に努めるが、現場の調整の重要性は日本での現場と変わらない。ウガンダではアフリカの学生たちが共同生活を通して海外の大学進学を目指すための寄宿舎「AU dormitory」が二〇一五年に竣工し、それ以降日本食料理店を中心とした商業施設「やま仙／Yamasen Japanese Restaurant」（二〇一八、以下「やま仙」）、公立の小学校に通うことができない子どもたちやその保護者たちを受け入れる小学校「TERAKOYA」（二〇二〇）、オフィス改修「URH」（二〇一四）、住宅のリノベーションなどが竣工している。日本国内では「かしまだ保育園」（二〇二二）や「板橋の家」（二〇二三）

をはじめとした住宅がこれまでに竣工し、現在はインターナショナルスクール、商業空間の改修、住宅など複数のプロジェクトが東アフリカと日本の各地域で進行中である。

建築のプロジェクトと並行して二つの国の学生と共に行うワークショップを企画・運営してきた。そこではキオスク、警備員の小屋、待合所などに注目し、観察を通して小さな構造物をデザイン、製作した。

私たちはアフリカとアジアという物理的にも遠く離れ、様々な違いがある国にある二つの都市を往復することで、その土地がもつ良さや、年月を経てつくり上げられた特徴に目を向けている。どちらの都市も現代的な課題に直面しているが、観察、デザイン、製作を通してその土地の特徴を引き立てる役割を建築がどう担えるのかを探求し、設計活動を行なっている。

【Q2 活動のきっかけ】

二〇一一年に設計を始めた「AU dormitory」が二〇一五年に竣工し、それ以降ウガンダでのプロジェクトが続いている。小林は大学在学時の二〇〇四年、ウガンダでの活動を開始した民間団体から奨学金を受けて渡航した。一年間休学し、レンガ造りを生業とする現地の家族と生活しながら設計事務所でのインターン等を経験した。その後日本の大学院を修了した後、樫村と共にテレインアーキテクツを設立。そのきっかけとなったのは、インドネシアの小さな図書館「エンダン文庫」の設計を請け負ったことだった。歴史的・文化的・政治的コンテクストの異なる場所にあっても、現代の建築を建設する際に考えるべきことは大きく変わらないという認識の下、どのように現地の素材や技術を用いるのかを考え始めた。図書館の完成と前後するように、かつて小林が奨学金を受けていた民間団体から「AU dormitory」の設計依頼があり、それを機に事務所を設立することにした。「AU dormitory」では小林、樫村のどちらかが必ず現場に常駐し、現地の施工者やコンサルタント会社と意見を激しく交わす日々を過ごした。地元の焼成レンガをはじめとした魅力ある

ウガンダ人と日本人のスタッフ。カンパラにて

素材を輸入された既製品よりも劣ったものとして考えているウガンダの人々と会話を重ねていくなかで、当たり前すぎて見過ごされている土地のものが多くあると感じた。それを観察し、プロジェクトに向き合うときとは違うかたちで思考したいという思いが芽生え、日本とウガンダで建築を学ぶ学生と共に小さなキオスクを観察、製作するワークショップを企画した。

東京事務所の様子

現地では主に英語と現地語を用いる。ウガンダは英国の植民地であったこともあり首都近郊ではほとんどの人が英語力を有する。国内に五〇言語以上ある現地語を解さずとも英語でコミュニケーションが取れるが、建設現場やローカルマーケットなどでは英語を話さない人もいるため、首都近郊の民族の言葉で簡単なやり取りができることは、プロジェクトを円滑に進めるために重要である。

[Q3 事務所開設までのプロセス]

インドネシアの小学校の校庭に六四平米の小さな図書館「エンダン文庫」を設計したのが初めての仕事だった。東京でスケッチ、図面を描き、模型をつくって現地に数回打ち合わせにも行ったが、予算が限られていたこともあり工事中には一度しか現場に行くことができなかった。

この経験から、物理的なモノとして建築が立ち上がることに深く関与したいと思う私たち自身の欲求に気づかされた。

　その直後に依頼を受けたウガンダでの初めてのプロジェクトでは、できる限り現地に駐在し、ウガンダ人のチームと共に現場での時間に多くを費やした。この経験は私たちが求めていた現地の人々や建築そのものとの深い関わりとなり、実績や経験、お金もないけれど時間と熱意だけはあった頃の重要な時間であったと感じている。その後も縁に恵まれ、現地建築コンサルタントやローカルアーキテクトたちと協働を続けながら、自身の資格として日本の一級建築士免許を取得後、ウガンダの登録建築士となった。これまでは建設中の案件の近くに物件を借りて住まいとし、現場事務所を使って仕事をしていたが、私たちが設計した「やま仙」完成後はそこでの打ち合わせも多く行われるため、首都カンパラ市内を拠点とし、近隣に住まい兼事務所として平屋の住居を借りている。

【Q4 事務所運営】

　スタッフや現地事務所の規模は、それぞれのプロジェクトの規模によって変化するが、現地スタッフも日本のスタッフと同様、様々なプロジェクトを担当する。

　東京とカンパラの時差は六時間のため、小林と樫村の居場所に関わらず、週に一～二回は東京の午後一五

模型を前にクライアントと住宅の打ち合わせ

時頃、カンパラの朝九時頃からオンライン会議でそれぞれの進捗を確認、共有することが多い。その他メール、slackなどを活用しスタッフがどこにいても頻繁に連絡を取り進捗をお互いに把握する。意思疎通には緩急をつけながら、信頼関係を壊さないよう進めている。オンラインでのやり取りが多い分、対面で会える時間や模型を見ながら話せるときはそこでしか得られない情報共有に注力し、

状況を把握できるように集中する。

現場が動いているプロジェクトの数や状況によって東京とカンパラで費やす時間の比重は変わるが、ウガンダの現場が動いている際は小林が現地にいる時間が長い。現在はウガンダで設計中のプロジェクトが多いため東京を軸足に、クライアントとの打ち合わせやモックアップの製作、チェックをするためにウガンダに年に四、五回渡航している。一度の渡航で二週間から一ヵ月ほど滞在し、滞在中はウガンダにいるスタッフをはじめ、積算士や構造エンジニア、設備コンサルタントなどとプロジェクトの進捗を確認する。その他これまで設計した建築のメンテナンスに関する打ち合わせや新たなプロジェクトの依頼主と対面で会うなど実際に私たちがウガンダにいるからこそできることに集中している。

東京では新宿御苑にある小さなビルのワンフロアを借り、改修して事務所として利用している。四〜五人のスタッフが日本とウガンダにおけるプロジェクトに従事している。最近はウガンダのみならずエチオピアなど周辺国にもプロジェクトが広がっているため、スタッフ全員で概要や進捗を共有しながら、日本、アフリカどちらのプロジェクトもフラットに意見を交換し設計を進めている。ウガンダのプロジェクトに興味をもち、東京の事務所で働いてみたいという外国人からの問い合わせも多々あるため、外国人のインターンが事務所にいることも多く、昼食時には色々な国の話題が飛び交う。

ウガンダと日本で設計開始時の一般的な業務や契約、資金繰りなどでは大きな差異はないと感じているが、役所関係の各種申請や工事契約、工事監理においては、日本特有の緻密さや厳密さとウガンダ特有の曖昧な法規制や慣習の間を行ったり来たりしながら、どちらもその土地なりの根気強さや交渉力が試される。

［Q5 不在にする場所への対応］

六時間の時差を上手く利用して定例的に会議を行いながら不在にする場所で起こる事象に対しても対応している。自分がいないと現場で起こっていることに対する解像度がどうしても低くなってしまう一方で、より客観的に状況を捉えて判断できるため、不在にする時間があることはポジティブに捉えている。たとえばウガンダの場合は不安定なネットワークや、停電、交通渋滞など予定通りに進まない因子が比較的多いため、自分がいる場合は時間に大らかに対応しがちだが、自分が日本にいる場合にもそれらの因子に対して理解を示しつつも、厳しい判断を客観的にするなど、自分が現地にいないということを上手く使えるよう心がけながら現地のスタッフらと連携して進めている。

「Q6 働き方の工夫」

対面で話すべきこととオンラインで共有できることの選別には気を使う。これは国内でも同じだと思うが、クライアントとのミーティングに限らず、対面で共有したほうがよいこと、オンラインでも頻繁に共有すべきことの判断はプロジェクトの進み方に大きく影響する。

設計における必需品に特別な差異はないように思う。日本で購入したお気に入りのメジャーをトランジットで取り上げられたときは非常に残念に感じた。しかしメジャーもウガンダで入手できるのに、向こうにはないかも、というバイアスが掛かっていたのかもしれない。大概のものは手に入るし、入らなくても、それはそれだ。優劣をつける必要のない、取るに足らない違いだと考えている。ただ、模型に関しては材料の品質もあり、東京で作成したものをウガンダに持ち込むことが多い。3Dレンダリングのリアリティがクライアントや協働スタッフにとって重要である一方で、模型によって共有できるイメージは他には代え難いと感じている。飛行機で運んでも壊れにくい模型の作成技術が向上しているが、未だに壊れることもありウガンダでの修復技術も向上させたい。

「Q7 資格や金銭面での注意点」

ウガンダの人々の生活も様々だが、彼らとできる限り近い生活を送ることは大切だと思う。食事の取り方や調理の仕方、トイレや浴室の考え方も生粋のウガンダ人とウガンダに暮らす西洋人、インド系や中国系移民などで様々だ。ウガンダでの都市生活は、停電や断水など東京の生活と比べて不便なこともあるが、食事・炊事・洗濯などは自宅で自分たちで行う。東京での生活と比較しながら見えてくるものは私たち自身の生活や活動にとっても重要である。

カンパラと東京、どの都市にいても同じだが、心身共に健康であることが何より重要なので、もしもの怪我や病気、事故に対して信用できる医療機関については、頼れる情報と頼れる人たちに支えられている。保険・年金に関してはどうしてもどちらかを拠点とせざるを得ないためそれぞれの国の制度をベースにしている。

資格については日本では自分たちの資格を利用し、ウガンダでは基本的にウガンダの有資格者と協働しているため特別な資格は必要ないが、小林が現地の建築士資格を取得しウガンダ建築家協会に所属しているため、協会を通して現地の建築家が直面している問題など様々な情報を入手することができている。

また政治や国家としての大きな動きが私たちの生活の安全やプロジェクトの方向性に直結することもあるため、ラジオや新聞等でのメディアや在留邦人を含めた様々な人々からの情報収集は日常的に行うよう心がけている。

［ Q8 メリットとデメリット ］

日本に生まれ育ち、建築教育を受けてきた私たちにとっては日本がホームであることは今までもこれからも変わらないと思う。かつては日本とウガンダはホームとフィールドという関係だったが、カンパラという都市と関わる時間が長くなり滞在時間が長いと、東京と行き来をすることで二都市にホームがあると感じるようになる。滞在の長い都市をホームと感じるほどもう一方のホームへの気づきが多いのかもしれない。一方で、プロジェクトのある地域は様々で、建築の現場は常にフィールドであり、それは日本国内であってもウガンダ国内であっても、事務所のある東京、カンパラと現場の関係は同じである。カンパラがホームとしてあることの良さは建築にまつわることや生活にまつわることの様々なことがよく見えることだ。東京ではシステムや制度が確立された事柄が多く、当たり前すぎて気づかずに進んでいることが、カンパラではスムーズにいかないことで何が起こっているのかよく見える。経済的に効率化された社会の良さや悪さ、制度化された社会が失ったものや得たものを行ったり来たりしながら考え、建築に何ができるのかを模索している。

［Q9 今後の展望］

私たちがウガンダと関わりをもち始めた二〇〇〇年代初期から比較して、日本でもアフリカ大陸の国々についての情報が増え、人々の関心も増してきているように思う。しかしながらアフリカ大陸により近く、長く深い関わりのある西洋諸国の人々と比較して、日本での理解や解像度の低さは今後も継続するだろう。サハラ砂漠以南の国々が抱える諸問題は深刻だが、東京にいるとアフリカの国々を経済的に支援する対象として一括りに見做している側面に触れることがまだ多く、大きな距離を感じる。一方で欧米の設計事務所や建設技術系の企業がアフリカ諸国を新たな市場として各地に入り込み、大きな資本を動かしている。そのような状況が加速するなか、日本の小さな設計事務所が独自のアプローチで建築を丁寧につくっていくことには普遍的な価値があると信じている。

また、現在アフリカの都市が歩んでいる発展の道程が日本をはじめとした経済先進国が歩んできた道と同じ単線的な成長過程の途上であるという思考に囚われることなく冷静でありたい。カンパラから東京を、東京からカンパラを見ることで、その土地がもつ素材や環境といったあらゆる価値をフラットに見るチャンスを得ていると思う。実際にその場にいることでしか感じることのできない空気を捉え丁寧に建築をつくっていきたい。

ワークショップでの一場面

建築や都市の未来について

杉田 世界をフィールドに働く皆さんはこれからの建築や都市の未来や動向についてどう考えていますか？

八木 私たちが暮らす都市には、既にものや建物が溢れています。たとえばCanary Wharf（カナリーワーフ）では丸ごと一棟の高層オフィスビルが空き物件になっているなど、大都市の中でも使われていない空間、場所が存在します。そのような状況のなか、新築するということに対して「大義」を見出すのが難しくなってきているなと感じます。そうした感覚に対して私たちは「新たに何かをつくること以上に、既に存在するものをどのようにストーリーを紡ぎ、活かしていくか」という視点を大事にプロジェクトを進めています。ただしこのアプローチも、地域や国の状況によって大きく異なるはずです。都市から何を感じ、何を目的にしてものをつくるのかは、その場所の背景や状況によって変わるはずです。

小林 少子高齢化や人口減少が進む日本とコントラストの強いアフリカでは現在、欧米や中国などの国々が関与し、新たなものをつくろうとしています。この状況のなかで、アフリカの建築が果たす役割や影響について考えることはとても重要です。特にかつて建設が盛んだった地域での可能性が限られつつある今、他国がアフリカで何を目指しているのか、そして私たちがそのなかでどのように関わるべきかが問われています。

畑山 大きな視点でお話しすると、経済や金融活動の副産物として都市が形成されるのが、近代以降の特徴だと感じます。過去において、都市の形成には権力や国防が最も重要な要素の一つでしたが、現代では金融や不動産投資活動が都市を形づくる大きな要素になっています。しかしこれからの時代、その仕組み自体を見直し、変革していくことが重要だと感じます。

　つまり経済活動の副産物としての都市ではなく、本当に必要とされるものを生み出す仕組みをデザインすることです。たとえばクラウドファンディングのような新しい仕組みは、従来の大きな資本がすべてを動かす構造ではなく、小さな資本を集めて実現する方法を提供しました。またBrickXのようなプラットフォームでは家全体を購入するのではなく、レンガ単位で投資を行うことで資本の分散を促す仕組みが登場しています。

　さらに興味深いのは、「クリエイティブリユース」という考え方です。たとえば街の中で伐採された木を新たな建築材料として再利用するような仕組みを、商業規模で実現しようとするプロジェクトも出てきています。こうした取り組みは、プロダクトレベルでよく見られるアップサイクリングの思想を、都市や建築のスケールに拡大する試みです。小さなリソースの再利用を建築や都市計画の規模に応用することが、未来への希望や可能性につながると考えています。形をデザインするだけではなく、仕組みにアプローチし、それを変革することで、新しい都市や建築の在り方を模索することがこれからの目標であり、夢であると感じます。

杉田 畑山さんは今日の座談会の参加者で唯一のランドスケープ・アーキテクトです。人間だけではなく、様々な生態系との共生も視野に入れたデザインについて、より深く考えられている印象を受けました。

田熊 過去に残されたものをどう未

来につなげていくかという問いのもと、私は小規模な地方都市のこれからに注目しています。

　最近日本に帰国し、空き家や廃墟になった建物を目にするとき、そこにある民族的な価値を考えずにはいられません。私は築六五年の日本家屋に住んでおり、全室畳で非常に寒いですが、これをリノベーションする際、便利さを追求してフローリングにするのが本当に正しいのか、考えています。残された民族性や当時の人々の暮らしを感じながら使う方法を模索することに可能性があるのではないでしょうか。これは日本に限った話ではなく、過去の建築物や生活様式をどのように楽しみながら活用するか、という視点です。

藤井　ここ数十年の中規模以上の都市を眺めてみると、その形成過程がすごく「ネスプレッソ的」だと感じます。つまり、機械にカプセルを入れると、でき上がるものがどれも同じというような状態です。濃いめや薄めといった違いはあっても、本質的には均質化されています。

　たとえばブラジルでは、サンパウロのマンションの例が挙げられます。一五～二〇年前には平均的なマンションの面積が一〇〇平米ほどでしたが、現在では竣工する物件の七割が四〇～四五平米程度と小型化しています。この現象は、世界中の大都市でも同様に起きていると思います。都市の中心部にあるスタジオタイプのマンションは主に民泊用に使われ、観光都市の中心地は住民がおらず、観光客だけが空間を消費するサイクルになっています。これではその場のカルチャーが生まれてきません。

　ここでコーヒーの話に戻ると、現在は「フォースウェーブ」に突入していると言われてます。フォースウェーブとは、トレーサビリティが確立された豆を生豆の状態で購入し、焙煎場所に持ち込むか、自宅で焙煎して自分好みのコーヒーを楽しむというものです。

　建築や空間デザインの分野にも似た動きが見られます。たとえば3DプリンターやAIなどの技術が進化し、専門家でなくても空間を設計したり、実際につくり上げたりすることが可能になってきています。そうした建築設計の大衆化に私は大きな可能性を感じます。ブラジルの事例を挙げると、ファヴェーラの中に、空いた土地や廃屋を利用して住民たち自らが多目的スペースや小さな広場をつくる動きがあります。そこでヨガをしたり、ピクニックを楽しんだりと、住民が心地よく過ごせる場が生まれているんです。

心身ともに健康でありたいという気持ち、要はウェルビーイングに寄り添う建築や場づくりが、技術の進歩によって住民、つまりユーザー自らの力によってつくられていることに希望を感じています。

杉田 ユーザー自身がカスタマイズや手を加えられる未来というのは、とても素敵ですね。

日本から海外へ

杉田 最後に読者の皆さんへのメッセージをお願いします。

八木 日本は本当に良い国だと思います。平和だし、文化や歴史も豊かで、美味しい食べ物もたくさんあります。日本人として生まれたこと自体がラッキーなことだと思いますし、その立場を活かして世界を経験することにもっと目を向けてほしいです。悩んでいるなら、思い切って外に出てみてくださいと私は伝えたいです。

田熊 外に出ることで得られる経験は本当に大きいと感じています。特に自分が社会のなかで少数派になる経験は、そして、そのときに感じる圧倒的な孤独感というのは、非常に得がたいものだと思います。

私自身、最初は中国語がまったくわからず、何度も挫けそうになりました。そうした経験は、若い人たちにとってぜひ必要なのではないかと思います。

畑山 何も考えずにとは言いませんが、もし迷っている人や興味がある人、もしくは日本の生活に少し疲れたなと感じている人には、とりあえず外に出てみることをおすすめします。一週間でも一ヵ月でも、半年でも一年でもいいので、考えすぎずに動いてみるということが大事だと思います。日本で「どうしよう」と考え続けても、なかなか何も変わりませんから。これは若い人だけでなく、ある程度年齢を重ねた人にも言えることです。

小林 日本で生活をするとき、何が安定で何が不安定か、非常に曖昧になってきています。確実なことが少ないなかで、逆に「どこにいても同じくらい不安定」という状況があるのではないでしょうか。それは「どこにいてもいい」という状況でもあると思います。

とはいえ、人は基本的にその場にいればそこに安定を感じ、そこを離れることに不安を覚えるのが本能だと思います。当たり前だと感じていることを「当たり前ではない」と認識するには、一度その環境から離れる経験も必要だと思います。そういった意味も含めて、ぜひウガンダに来てみてください！

藤井 今回このような機会をいただきましたが、これで終わってしまうのは少しもったいないと感じています。

私は以前、サンパウロで外務省が運営する「ジャパンハウス」という拠点を立ち上げ、そのなかで日本文化や建築を発信する仕事をしていました。その経験から、今日のように日本建築や日本人建築家が世界でこれほど評価されている時代は、今までになかったのではないか、と思うほど注目されています。そのため特に若い建築家の方々にはもっと世界に出てほしいと思います。それを促進する仕組みもつくっていきたいですね。

たとえば、海外の顧客と日本人建築家を直接マッチングするようなプラットフォームつくるのはどうでしょうか。日本人建築家と海外顧客をつなぐ仕組みを構築すれば、双方にとってWin-Winの関係を築けるかもしれません。

杉田 それは良いですね！確かに世界には、もっと日本人の貢献できる場はあるように思います。グローバルな建築やランドスケープ、都市デザインの議論や実践をこれからも継続的に進めていきたいですね。

今回は貴重なお話を聞かせていただき、本当にどうもありがとうございました。

COLUMN

海外で仕事をする・拠点を構える際に考えるべきこと

杉田真理子

NO.1 ビザ

海外で仕事をする・移住をするうえで避けては通れないのがビザだ。学生ビザ、短期商用ビザ、長期商用ビザ、永住権など種類は様々かつ、国によってルールが異なるので、必ず外務省のHPで確認を。最新情報に関してはNoteやXで体験談を検索することもおすすめ。

NO.2 生活費

言わずと知れたPayPalや国内外での支払いや両替、送金などをスマートフォンで行える金融アプリRevolut(レボリュート)など、グローバルなお金の管理がしやすい時代になってきた。円安が進む今、円ですべての財産を保有→現地通貨に両替、という考え方を捨て、複数通貨(私の場合は円・ユーロ・ドル)を常にバランスよくストックしておくことも大切だと思う。

NO.3 健康保険

移住先で健康保険への加入が義務化されているケースがほとんど。短〜中期の場合はノマドワーカー向けの海外保険Safety Wingも安価かつUXが良くおすすめ。日本に居住していない間の保険料の扱いについては法人があるかないかでも変わってくるので、行政書士や税理士に相談しながら適切な対応を行うこと。

NO.4 税金

海外移住した際も、住民票を残すか残さないか、移住の期間、個人事業主か法人なのか、などで日本での税金や納税方法が変わってくる。気になる日本での年金も国によっては提携の取り決めがなされていたりもする。国によって異なるので、日本、移住先それぞれに優秀な税理士を付けておくことが必須。Noteで体験記を読んだりYouTubeで税金まわりの知識を日頃からしっかり付けて知識武装をしておくことが大切。私は、1月1日時点の住所で住民税の納付先が決まるということを知らず、1月3日に海外に引っ越し、その後渋谷区から高額の住民税の請求がきて仰天したことがある。

NO.5 友好関係・言語

現地で仕事をしていくには言語学習が必須。これに関してはNoteで体験談をまとめた記事をおすすめしたい。最近読んだなかでは、台湾の田中央工作群で建築家として働く鈴木篤也さんのNote記事「中国語を一年間本気で学んだ凡人の記録」に感動した。現地の言葉、あるいはせめて英語を習得したら、FacebookやInstagramでイベントを調べたり、気になる人には直接メッセージしてお茶に誘ったりしながら、少しずつ交友関係を増やしていく。私は海外に行く際は、アート・デザイン・建築関係の人やイニシアティブをInstagramで調べ、彼らが主催するイベントがあれば足を運んでネットワークをつくるようにしている。

図版クレジット

|第一章 ヨーロッパ|

多様性を祝福する創作活動
高田一正・八木祐理子

p.023（上）・p.024-025 撮影：David Hugo Cabo, p.023（下）撮影：Yuta Sawamura Photography, 記載なきものはすべて提供：PAN-PROJECTS

確たるモノを選別し、
適した解答を与える
服部大祐

すべて提供：Schenk Hattori

自然の密度を変えて
環境を顕在化させる
杉山幸一郎

p.056・p.057 提供：ARGE atelier tsu, bersa, Tao Architects Office, 記載なきものはすべて提供：atelier tsu

土地の特異性をつかみ、
異邦人ならでは視点をもつ
金田泰裕

p.071 提供：LAAB, p.073・p.078 提供：Matias Zegers Arquitectos, p.079（下）提供：Carlo Calma Consultancy Inc. | cat inc., 記載なきものはすべて提供：yasuhirokaneda STRUCTURE

歴史、風土、文化の条件の徹底
森田美紀・小林 優

p.086-087・p.094（上）撮影：Yuta Sawamura, 記載なきものはすべて提供：mok architects

|第二章 アメリカ|

多様な人が豊かに暮らす
都市をつくる
古澤えり

p.101（上）・p.101（下）出典：ポートランド市HP（https://www.portland.gov/）, p.102・p.103・p.104 出典：アレゲーニー県HP（https://www.alleghenycounty.us/）, p.109（上）提供：Tajae Hinds, p.109（下）提供：Jesse Hirakawa, 記載なきものはすべて提供：古澤えり

人種の混淆から生まれる
多方向な景色
藤井勇人

p.116・p.124（上）撮影：仁尾帯刀 ,p.117提供：隈研吾建築都市設計事務所 ,p.118・p.126撮影：Jonatas Marques,p.121（上）撮影：Adriano Pacelli,p.124（下）撮影：Nelson Kon, 記載なきものはすべて撮影：藤井勇人

|第三章 オセアニア|

暮らしのなかの
ランドスケープデザイン
畑山明人

p.128 撮影：Carley Wright, p.131（上）出典：ユネスコ世界遺産条約, p.131（下）撮影：Barnaby Norris, p133（上）・p133（下）・p.136（右）・p.139（上）提供：SMEC, p.139（下）提供：Goot Local, p.143 提供：Robert Bird Group, p.144提供：イオナカレッジ, 記載なきものはすべて提供：畑山明人

|第四章 アジア|

地域の人々との交流を
大事にした設計活動
小嶋伸也・小嶋綾香

p.150（上）・p.150（下）・p.151 撮影：堀越圭晋 /SS., p.158（上）・p.159撮影：存在建築 /Arch-Exist, 記載なきものはすべて提供：小大建築設計事務所

手の痕跡から生まれる
土着的なデザイン
寺崎 豊

p.166-167（上）・p.166（下）提供：UCCA 陶美術館, p.167（下）撮影：加納永一, 記載なきものはすべて提供：寺崎 豊

自由で民主的な場で働く
田熊隆樹

p.179・p.181（上）・p.181（下）・p.184 提供：田中央工作群, p.180（上）提供：葉俊成, 記載なきものはすべて提供：田熊隆樹

目の前にあるものを
使いこなしてつくり上げる
山田貴仁

p.195（右）・p.195（左）撮影：杉田真理子, p.196-197撮影：大木宏之, p.202（上）・p.202（中）撮影：2Bros studio, 記載なきものはすべて提供：studio anettai

コンテクストから解放し、
日常に接続させる
久米貴大

p.210・p.211（上右）・p.211（下）撮影：Soopakorn Srisakul, 記載なきものはすべて提供：Bangkok Tokyo Architecture

アジアでインターナショナルな
建築教育に携わる
中村 航

p.222・p.223・p.227 提供：Chulalongkorn University INDA, p.226 撮影：Takuya Seki, 記載なきものはすべて提供：Mosaic Design

持続可能な社会をつくる
建築の探求
飯塚哲平

p.234撮影：Daniel Osterkamp, 記載なきものはすべて提供：Studio Juggernaut

|第五章 アフリカ|

揺らぎと骨格
小林一行・樫村芙実

p.250・p.252（上）・p.252（下）・p.253（下）・p.254-255・p.256・p.258（上）・p.263撮影：Timothy Latim, 記載なきものはすべて提供：テレインアーキテクツ

|編著者プロフィール|

p.271（上）提供：西田 司, p.271（中）撮影：Takuya Seki, p.271（下）撮影：Ebrahim Bahaa-Eldin

西田 司
にしだ おさむ

1976年神奈川県生まれ。1999年横浜国立大学工学部建築学科卒業後、同年スピードスタジオ設立。2002～2007年東京都立大学大学院助手。2004年(株)オンデザインパートナーズ設立、現在同代表。東京理科大学准教授、大阪工業大学客員教授、ソトノバパートナー。住宅・各種施設の建築設計や家具デザイン、まちづくりなどにて幅広く活動を展開。

中村 航
なかむら こう

1978年東京都生まれ。2002年日本大学卒業、2005年早稲田大学大学院修了。2011年博士(建築学)取得、Mosaic Design設立。2024年～チュラロンコン大学INDA講師。2025年～日本大学理工学部建築学科准教授。屋台から都市計画まで、いろいろな領域・スケールでデザイン・リサーチを行う。

杉田真理子
すぎた まりこ

ブリュッセル自由大学大学院アーバン・スタディーズ修了。2021年より都市体験のデザインスタジオ「for Cities」共同代表理事。都市・建築・まちづくり分野でのリサーチやキュレーションほか、新規プログラムのプロデュース、ディレクション、ファシリテーションなど国内外を横断しながら活動を行う。現在は京都を拠点に、元小児科の洋館をリノベーションした「Bridge Studio」を運営。都市研究の拠点としての場づくりを行う。

海外・多拠点で働く　十六組による建築と都市の実践

二〇二五年四月三〇日　初版第一刷発行

編著者：西田 司・中村航・杉田真理子
著者：高田一正・八木祐理子・服部大祐・杉山幸一郎・金田泰裕・
森田美紀・小林 優・古澤えり・藤井勇人・畑山明人・小嶋伸也・小嶋綾香・
寺崎 豊・田熊隆樹・山田貴仁・久米貴大・飯塚哲平・小林一行・樫村芙実

発行者：矢野優美子
発行所：ユウブックス
〒二二一-〇八三三　神奈川県横浜市神奈川区高島台六-二
電話　〇四五-六二〇-七〇七八
FAX　〇四五-三四五-八五四四
info@yuubooks.net
http://yuubooks.net

編集：矢野優美子
ブックデザイン：岡嶋柚希
装画・挿絵：田渕正敏
印刷・製本：株式会社シナノパブリッシングプレス

ISBN 978-4-908837-16-6 C0052